Reiki

Lore Massar

Reiki

Heilung durch
universelle
Lebenskraft

Urania

Inhalt

8   **Vorwort von Ton Driessen**

10   **Einleitung**

13   **Die Geschichte von Reiki**

17   **Reiki, ein ganzheitlicher Weg**

20   **Der Weg zu Reiki**

Das Reiki-Symbol 20
Geistige Führung bei der Arbeit
mit Reiki 22
Zwei praktische Übungen als
Annäherung 23

Die drei Reiki-Grade 25
Die Reiki Alliance 26
Wie komme ich zu einem Reiki-
Meister? 27

Der 1. Reiki-Grad   **28**

Wie komme ich zum 1. Grad? 28
Die vier Einweihungen 30
     Die Handposition 31
     Die heilende Kraft 31
     Hilfe zur Selbsthilfe 32
     Die Selbstbehandlung 34
     Der Ausgleich der Chakren 38
     Die Partnerbehandlung 40
Reiki mit Kindern 48
Persönliche Erfahrungen mit
dem 1. Grad 50

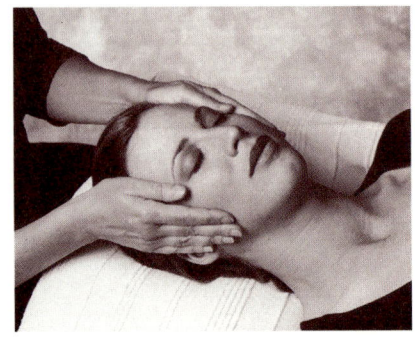

55   **Der 2. Reiki-Grad**

Die Arbeit mit den Reiki-
Symbolen   55
Persönliche Erfahrungen mit dem
2. Grad   57

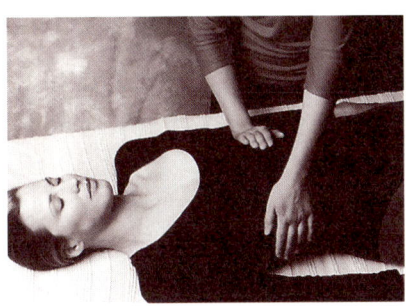

60   **Der 3. Reiki-Grad**

Der Weg zur eigenen
Meisterschaft   60
Persönliche Erfahrungen mit
dem 3. Grad   62

Die Reiki-Lebensregeln   **76**

**Kommunikation und
Gemeinschaft**   **78**

Persönliche Erkenntnisse   **83**

Meine Lebensgeschichte   83
Reiki und die Verbindung zum
inneren Kind   88
Reiki und Allergien   90
Reiki und Körperkontakt   92

Anhang   **94**

Buch- und Musikempfehlungen   94
Adressen   95
Impressum   96

Die Autorin

Lore Massar, Jahrgang 1950, war 15 Jahre als Diplom-Sozialpädgogin in leitender Stellung tätig. Durch ihre vielseitigen beruflichen Erfahrungen entdeckte sie auch die Grenzen und die daraus resultierenden Mängel dieser Arbeit.
Aus der Erkenntnis heraus, daß eine äußere immer auch eine innere Veränderung voraussetzt bzw. bedingt, begann sie 1983 mit Reiki an sich selbst zu arbeiten.
1988 beendete sie ihre Ausbildung als Reiki-Meisterin und wurde Mitglied der internationalen Reiki Alliance. Seitdem ist sie selbständig, sie lebt in München und unterrichtet im In- und Ausland. Dieses Buch enthält in konzentrierter Form ihre Erfahrungen und Erkenntnisse auf diesem Weg.

Wichtiger Hinweis:

Reiki ist ein Weg ganzheitlicher Heilung und wirkt auf der körperlichen, seelischen und geistigen Ebene. Eine Reiki-Anwendung ersetzt nicht die ärztliche Behandlung!

Danksagung

Euch allen, die Ihr Euch an diesem Buch beteiligt habt, meinen herzlichen Dank.
Ohne Eure Unterstützung und Mitarbeit wäre es nicht entstanden.
Euer Zuspruch und Euer Rat haben es mich mit Wärme und
Freude schreiben lassen.

Vorwort

Es wurden bereits viele Bücher über Reiki von verschiedenen Reiki-Meistern geschrieben. Das deutet darauf hin, daß viele Menschen mehr darüber wissen wollen. Das geschriebene Wort birgt jedoch eine Gefahr in sich. Wenn Ideen und Gedanken in einem Buch veröffentlicht sind, werden sie für manche zur »Wahrheit«. In meinen Reiki-Seminaren werde ich ab und zu darauf hingewiesen, daß ich Unrecht habe, da es in einem Buch anders stehe.

Nun gibt es weltweit Tausende von Reiki-Meistern, doch ich habe noch keine zwei gefunden, die auf ein und dieselbe Weise lehren. Was ist also richtig und was ist falsch? Für mich gilt: Wenn vor allem die Intention gut ist, kann es nicht falsch sein. Das Wesen von Reiki liegt für mich darin begründet, daß es uns eine Art von Gemeinschaft lehrt, die uns allen etwas gibt.

Sicherlich ist Reiki auch eine Heilmethode, aber das ist nur die eine Seite. Reiki kann auch unsere Seele heilen und unsere Beziehungen zu anderen aufbauen und stärken. Reiki läßt uns die Schönheit und die Kraft des Universums bewußt

werden. Reiki kann im eigentlichen Sinn unser Dasein stützen.

Ich möchte hier zum Ausdruck bringen, daß ich mich geehrt fühle, dieses Vorwort verfassen zu dürfen. Als ich darum gebeten wurde, war ich mir nicht sicher, ob ich wirklich etwas zu sagen hätte. Sicher kann ich nichts über den Inhalt dieses Buches sagen, aber ich vertraue der Autorin, weil ich sie sehr gut kenne. Ich traf Lore Massar zum ersten Mal auf einem »Selbsterfahrungs-Workshop« in der Schweiz. Dieser Workshop war für diejenigen gedacht, die Reiki-Meister werden wollten. Lore fiel mir unter allen Teilnehmern dadurch auf, daß sie sich klar und bestimmt ausdrückte. Noch vor Ende des Workshops wußte ich, daß sie von mir als Reiki-Meisterin eingeweiht werden wollte. Im Dezember 1988 weihte ich Lore als meine erste Reiki-Meisterin im Beisein von Phyllis Lei Furumoto, Paul Mitchell und einigen anderen ein.

Wir haben keine private Beziehung. Ich lebe in Amsterdam und Lore in München, daher sind wir uns nach ihrer Einweihung auch nur selten begegnet. Wir haben miteinander telefoniert und uns manchmal auf Treffen und Konferenzen der Reiki Alliance gesehen. Aber wenn wir auch nur selten zusammen sind, im Geist und im Herzen sind wir uns oft nahe. Es braucht kaum fünf Minuten am Telefon, um uns gegenseitig zu berühren. Es ist klar, daß ich eine besondere Beziehung zu dieser Frau, dieser Reiki-Meisterin, habe. Von Anfang an hat sie mir ebensoviel geben, wie ich ihr geben konnte. Wir haben eine klare Verbindung miteinander, und Lore drückt unmittelbar aus, was ihr gefällt und was sie stört. Ich habe sie als einen Menschen kennengelernt, der sich tief in seinem Inneren gegenüber Reiki, der Welt und seinem Wirken verpflichtet weiß. Sie hat viel zu geben. Dieses Buch ist ein gutes Beispiel dafür.

Ton Driessen
Reikimeister im Usui-System der
natürlichen Heilung
Amsterdam, Sommer 1996

Einleitung

Unsere Ausstrahlung verändert sich positiv.

Ende des letzten Jahrhunderts ereignete sich an manchen Tagen in einem kleinen Ort in Japan etwas ganz Merkwürdiges: Gerade dann, wenn die Sonne am höchsten stand, konnte man einen christlichen Mönch beobachten, der mit einer brennenden Fackel in der Hand über den Marktplatz lief. Nicht selten verspotteten die Leute diesen seltsamen Kauz, doch dieser rief den Leuten nur zu: »Wenn ihr etwas über das Licht erfahren wollt, dann kommt heute zu meinem Vortrag!« Dieser Mönch war kein anderer als Dr. Mikao Usui, mit dem die Geschichte von Reiki beginnt.

Was heißt und ist Reiki?

Das Wort Reiki (man spricht es Reeki) kommt aus dem Japanischen und bedeutet soviel wie »universelle Lebensenergie«. Wir können das Wort auch trennen in die Silbe »rei«, was soviel heißt wie »ur« und in die Silbe »ki«, was einfach »Kraft« bedeutet. Man könnte also auch Reiki übersetzen als »Ur-Kraft« oder »Lebenskraft«.

Was ist das Besondere an Reiki? Reiki ist zum einen eine Methode, die durch unsere Hände Lebenskraft dorthin fließen läßt, wo sie gebraucht wird. Wir kennen das alle und machen es reflexartig, wenn uns eine Stelle schmerzt: Wir legen die Hände auf. Mütter setzen schon seit jeher diese Geste ein, wenn sie ihr Kind trösten wollen, und sie singen zumeist begleitend »Heile, heile Segen...«.

Wir werden nicht aufhören
mit dem Forschen und das Ende
all unserer Forschungen,
wird die Ankunft an einem Ort sein,
von dem wir loszogen, und wir
werden diesen Ort zum ersten Mal
verstehen.

T. S. Elliot

Dieses Tröstende, was viele vermissen, dieses Gefühl, bedingungslos geliebt und akzeptiert zu werden, das ist der eigentliche Kern von Reiki. Er wächst in uns, je länger wir Reiki praktizieren, vor allem als Selbstbehandlung. Unsere Ausstrahlung verändert sich positiv, je mehr wir alle verdrängten Teile unserer Persönlichkeit in uns als integrale Bestandteile erkennen und akzeptieren.

Ist Reiki nun einfach nur das japanische Wort für Lebenskraft? Ja und nein! Reiki wird auch das »Usui-System der natürlichen Heilung« genannt, nach seinem Begründer Dr. Mikao Usui. Dr. Usui hatte sich auf den Weg gemacht, um zu erforschen, ob die Heilungen, von denen in der Bibel berichtet wird, tatsächlich stattgefunden haben konnten. Und Mikao Usui fand einen Weg, den er Reiki nannte und der seitdem traditionell von Meister zu Meister weitergegeben wird, um die Lebensenergie in jedem Menschen zu verstärken.

So ist Reiki zum einen eine natürliche Heilmethode, die jeder, der sie erlernt hat, für sich selbst nutzen, aber auch an andere weitergeben kann. Zum anderen ist Reiki jedoch auch eine spirituelle Disziplin, die uns mit der nicht sichtbaren geistigen Welt in Verbindung bringt. Das wiederum setzt aber voraus, daß wir bereit sind, Reiki täglich zu praktizieren und den Weg zur Ganzheit unseres Wesens zu gehen.

Ganzheit ist etwas, was in der Gegenwart immer mehr Menschen bewußt anstreben. Sicher gibt es viele Wege dorthin. Reiki ist jedoch einzigartig, weil es so einfach ist.

Die Anwendung von Reiki

Reiki kann jeder praktizieren, sofern bei ihm durch einen Reiki-Meister die Rituale des 1. Grades vollzogen wurden. Reiki wird in Selbst- und Partnerbehandlung ausgeführt. Reiki geschieht einfach, indem einer sich selbst oder einer anderen Person die Hände auflegt, so daß Reiki fließen kann. Dies wird von jedem Beteiligten intensiv gespürt, sowohl vom Gebenden als auch vom Nehmenden.

Fürchte Dich nicht
vor dem langsamen Vorwärtsgehen,
fürchte Dich nur
vor dem Stehenbleiben.
Chinesische Weisheit

Reiki ist zum einen eine natürliche Heilmethode und zum anderen eine spirituelle Disziplin.

So kann es zu einer angenehmen Gewohnheit werden, sich selbst am Abend vor dem Einschlafen und am Morgen nach dem Aufwachen Reiki zu geben. Abends ist es so, daß man mit Reiki einfach in den Schlaf hinübergleitet, tiefer schläft und oft intensiver träumt. Morgens vor dem Aufstehen, kommen wir mit Reiki in ein inneres Gleichgewicht, das uns ruhiger und gelassener in den Tag gehen läßt.

Reiki ist eine Kraft, die in unserem Inneren Ordnung schafft und damit unser Leben positiv verändert. Reiki unterstützt uns dort, wo wir Heilung brauchen, im körperlichen, seelischen und geistigen Bereich. Es ersetzt allerdings nicht den Arzt, wenn ein größeres Gesundheitsproblem vorhanden ist, aber es kann den Heilungsprozeß in jeder Hinsicht beschleunigen und unterstützen. Reiki hilft uns, viele Streßsituationen des Alltags besser zu bewältigen. Bei chronischen Krankheiten finden wir nach und nach deren eigentliche seelisch-geistige Ursachen. Gerade bei einer psychosomatischen Erkrankung, die deutlich darauf hinweist, daß der Betroffene sein Gleichgewicht aus Körper, Geist und Seele verloren hat, bietet Reiki die große Chance, die Umstände, die deutlich mit der Ursache verbunden sind, zu erkennen. Reiki ist eine wunderbare Möglichkeit, der eigenen Natur immer näher zu kommen und deren Vielfalt zu entdecken. Eigentlich ist Reiki nicht zu beschreiben, es muß erlebt werden. Ich zeige Ihnen in diesem Buch einige Möglichkeiten, wie Sie persönlich mit Reiki einen neuen Anfang machen können. Lesen Sie und probieren Sie es einfach aus!

> Wir nehmen die Dinge immer nur unter bestimmten Bedingungen an. Ich nehme die Welt unter der Bedingung an, daß sie so wird, wie der Nikolaus mir sagte, daß sie sein soll. Aber sie so anzunehmen, wie sie ist, das ist schwer.
>
> *Joseph Campbell*

Die Geschichte von Reiki

Lange Zeit wurde die Geschichte von Reiki nur mündlich überliefert. Erst im Jahre 1980 nach dem Tod von Hawayo Takata (Nachfolgerin von Dr. Chujiro Hayashi, dem wichtigsten Schüler von Mikao Usui) wurde sie schriftlich niedergelegt. Dies ist der Grund dafür, daß von einigen Begebenheiten mehrere Versionen verbreitet werden. Doch das ist nebensächlich, denn der Kern der Geschichte von Reiki ist immer der gleiche.

Am Ende des 19. Jahrhunderts lebte in Japan in einem christlichen Kloster der Mönch Dr. Mikao Usui, der an der Universität Kyoto Theologie lehrte. Als er von seinen Studenten immer wieder gefragt wurde, ob er das, was in der Bibel über die Wunderheilungen berichtet würde, selbst glaubte, konnte er dies zwar bejahen, allein die Studenten waren damit nicht zufrieden. Sie meinten, daß er auf Grund seiner Lebenserfahrung leichter daran glauben könnte als sie. Sie wollten wissen, wie Jesus geheilt hatte und sie wollten ergründen, ob sie dies auch lernen könnten.

Dr. Usui, dem seine Studenten sehr ans Herz gewachsen waren, war unzufrieden, weil er diese Fragen nicht mit letzter Klarheit beantworten konnte. So bat er den Abt seines Klosters, sich auf den Weg machen zu dürfen. Er hoffte, durch das Studium von alten Schriften und durch Gespräche mit anderen Gelehrten

Dr. Mikao Usui

Dr. Chujiro Hayashi

Er konnte sie jedoch nicht deuten und so blieb ihm deren tiefere Weisheit verschlossen.

Schließlich erkannte er, daß er die Antwort nicht allein durch das Studium alter Schriften und Zeichen finden würde. Er faßte deshalb den Entschluß, sich auf einen heiligen Berg in der Nähe seines Klosters zurückzuziehen, um dort 21 Tage zu fasten, zu meditieren und Gott um die Antwort zu bitten. Fast die ganze Zeit war schon verstrichen, ohne daß etwas passierte. Usuis Glauben war jedoch so tief und stark, daß er die Kraft hatte durchzustehen. Da geschah in der letzten Nacht das Wunder.

Vom Himmel bewegte sich eine mächtiger Lichtstrahl auf ihn zu. Während er näher und näher kam, formte er sich auf einmal zu den Zeichen, die er in den alten Schriften in Indien und Tibet gefunden hatte. Schließlich wurde er selbst vom Lichtstrom erfaßt, die Energie drang in ihn ein und versetzte ihn in Trance. Er fühlte auf einmal eine vollkommene Einheit mit dem Universum und eine tiefe Verbundenheit mit der Urkraft des Lebens.

Nachdem er erwacht war, stand er sogleich auf. Er fühlte sich vollkommen erfrischt und voller Tatendrang. Er war von unbändiger Freude erfüllt, weil seine Bitte von Gott erhört worden war und ihn die

eine Antwort zu finden. Er reiste nach Amerika, traf sich dort mit Glaubensbrüdern und mit gelehrten Kollegen, er erlernte mehrere Sprachen und betätigte sich wissenschaftlich. Doch nirgends fand er einen Hinweis, der ihm bei der Lösung seines Problems geholfen hätte. Erst, als er sich in Indien und Tibet aufhielt, wo er alte Schriften studierte, wurde er fündig. Er stieß auf Zeichen, von denen er intuitiv wußte, daß sie ihm weiterhelfen würden.

Antwort erreicht, ja förmlich getroffen hatte. Eilig stieg er vom Berg herab, um seinen Mitbrüdern im Kloster von dem wunderbaren Ereignis zu berichten. Dabei muß er wohl unaufmerksam gewesen sein, denn er stieß mit seinem Fuß heftig gegen einen Stein. Eine Zehe fing an zu bluten und der gesamte Fuß schmerzte ihn sehr. Nachdem er automatisch seine Hand auf die schmerzende Stelle gelegt hatte, erlebte er etwas Wunderbares. Die Blutung hörte auf und die Schmerzen ließen nach.

Als er den Fuß des Berges erreicht hatte, kehrte er in einem Gasthaus ein, wo er um eine Schale Reis bat, weil er großen Hunger verspürte. Der Wirt sah in skeptisch an, weil das Gesicht seines Gastes gezeichnet war von den Spuren langen Fastens. Doch Usui bestand auf seinem Mahl, und er aß seinen Reis voller Genuß. Als er während des Mahles hörte, daß die Tochter des Wirtes Zahnschmerzen habe, ließ er sie zu sich kommen, legte ihr die Hände auf und siehe da, die Schmerzen verschwanden.

Innerhalb kürzester Zeit war ihm die Gnade von drei Wundern zuteil geworden. Er erlebte erstmals, wie einfach Reiki wirkt. Da es ihm ein Bedürfnis war, Menschen zu heilen, begann er alsbald mit seiner Arbeit. Dabei machte er die Erfahrung, daß die Heilung des Körperlichen

Hawayo Takata

nicht vom Seelischen und Geistigen zu trennen ist. Auf diesen Erkenntnissen aufbauend schuf er seine Lebensregeln und unterrichtete andere in der ganzheitlichen Heilung.

15

Dr. Usuis Nachfolger wurde sein Schüler Dr. Chujiro Hayashi. Er baute auf den Reiki-Erfahrungen seines Meisters auf und gründete sogar eine Reiki-Klinik. Dorthin kam eines Tages Hawayo Takata mit der Bitte um Heilung, die ihr zuteil wurde. Sie wurde mit Reiki geheilt, so wie sie es sich selbst nicht hätte vorstellen können. Voller Erfurcht und Begeisterung für Reiki bat sie Dr. Hayashi, seine Schülerin werden zu dürfen. Im Laufe der Zeit wurde sie seine engste Mitarbeiterin und nach seinem Tod seine Nachfolgerin.

Phyllis Lei Furumoto

Hawayo Takata ging zurück nach Hawaii, wo sie mit ihrer Familie lebte. Von hier aus verbreitete sie Reiki in alle Teile Amerikas. Sie arbeitete hart und wurde von ihren Schülern sehr verehrt. Auf ihren Reisen nahm sie öfters ihre Enkeltochter Phyllis Lei Furumoto mit, die sie kurz vor ihrem Tod zur Nachfolgerin als »Großmeisterin im Usui-System der natürlichen Heilung« ernannte.

Phyllis Lei Furumoto verbreitete Reiki in der ganzen Welt. Das Zusammenwachsen der weltweiten Reiki-Gemeinschaft in der Vereinigung der Reiki Alliance ist ihr besonderes Verdienst. So gibt es heute keinen Kontinent, auf dem Reiki nicht unterrichtet wird.

Reiki ist heute eine Bezeichnung, die jedoch nicht immer identisch ist mit dem, was das »Usui-System der natürlichen Heilung« ausmacht. Ein Reiki-Meister oder eine Reiki-Meisterin sollte in Verbindung mit diesen Wurzeln sein, er/sie sollte die Linie direkt auf Phyllis Lei Furumoto zurückführen können und mit ihr in Verbindung stehen.

Phyllis Lei Furumoto ist die Großmeisterin des »Usui-Systems«. Sie lehrt Reiki in der Tradition, so wie sie es ihrerseits von ihrer Großmutter Hawayo Takata übernommen hat.

Reiki, ein ganzheitlicher Weg

Ganzheit heißt in der Einheit allen Lebens zu sein. Es heißt aber auch: »Das Essentielle des Lebens ist der Tod.« Dieser Satz tauchte einmal während einer Meditation in mir auf. Das Werden und Vergehen in der Natur ist für uns selbstverständlich. Doch dieser Kreislauf gilt für alles, was Leben ist. Ich meine damit nicht nur den Tod, der am Ende jeden Lebens steht, sondern auch die vielen kleinen Arten von Tod, die uns in unserem Leben begegnen. Wenn Veränderungen bevorstehen und wir Gewohntes und Vertrautes loslassen müssen, erfordert es jedesmal Mut und Selbstvertrauen, uns aus den vorhandenen Sicherheitsnetzen zu lösen und uns auf das Neue einzulassen oder auf das Neue zuzugehen. Erst, wenn wir uns über diesen Kreislauf mehr Gedanken machen, wenn wir ein bißchen verstehen, daß jedes Ende auch gleichzeitig ein neuer Anfang ist, beginnt die Ganzheit in uns zu wachsen, und wir können ihr überall begegnen.

Wenn wir uns in der Natur umschauen, sehen unsere Augen vordergründig die einzelnen Ausformungen: Bäume, Blumen, Tiere. Wir lassen unseren Blick schweifen und nehmen die Erscheinungen der Oberfläche wahr. Wir können uns einfach daran erfreuen. Wir können aber auch mit dem Blick tiefer gehen, wir können das Wurzelwerk sehen, mit dem alles verflochten ist. Wir können in unserer Vorstellung vordringen zu den unterirdischen Wasserläufen, zu den Quellen und Bächen, die das Leben von Pflanzen, Tieren und Menschen ermöglichen. Mit dieser Vorstellung schwingen wir uns in den Kreislauf der Natur ein und wir wandern weiter über die Wolken und den Regen durch den Kosmos der Natur. Doch das ist noch nicht alles. Es gibt noch größere Kreisläufe, und es gibt viele weise Männer und Frauen, die uns dieses System erklären können.

Der Mensch ist ein kleiner Teil dieses großen Kreislaufs und somit ein Teil des ganzen Lebens. Neben dieser sichtbaren und erforschbaren Einheit des Lebens gibt es jedoch noch einen unsichtbaren, einen geistigen Teil. Über diesen Bereich eröffnet sich uns die Chance, unser Leben zu erweitern, zu etwas Ganzem zu werden: Wie unten, so oben; Wie innen, so außen; Wie im Himmel, so auf Erden. Diese Maxi-

Durch Reiki erfahren wir: Wir sind ein Teil des Ganzen.

**Oh, diese Stille:
im See,
am Grund des
Wassers die
Haufenwolken.**

ma-Minima weisen sehr deutlich auf die Einheit des Lebens hin, aber auch darauf, daß es eine Teilung eigentlich nicht gibt.

Reiki ist ein Weg, der uns hilft, in die Ganzheit hineinzuwachsen. Wie geschieht das? Wir nehmen unsere Hände als Werkzeug für die geistige Kraft und lassen Reiki durch sie fließen. Reiki ist universelle Lebensenergie, Reiki ist eine ganz bestimmte Form, sich mit dieser Kraft zu verbinden. Es geht darum, sich auf Reiki einzulassen und diesen Weg zu gehen. Wir kennen das aus unserem Alltag: Noch soviele Bücher und Gespräche können die praktische Erfahrung nicht ersetzen. Arbeit, die getan werden muß, erledigt sich nicht von sellbst. So ist es auch mit Reiki und mit jedem anderen geistigen Weg:

Wenn ich den Weg einmal wirklich gehen will, muß ich mich auf ihn einlassen.

Der erste Schritt, um in der Ganzheit zu wachsen, besteht in der Erkenntnis, daß im Geiste schon alles eins ist. Dann können wir beginnen und uns ohne Eile auf den Weg machen. Es ist ein Prozeß, der uns Schritt für Schritt unser ganzes Leben lang begleitet.

Reiki unterstützt uns auf unserem Weg der Ganzheit. Wir spüren über die Energie, die während des Händeauflegens fließt, die Einheit, das Eins-Sein in und mit uns selbst. Wenn wir über die Einsicht »Wie oben, so unten« und »Wie innen, so außen« nachdenken, so ist jeder von uns, wenn er sich eins mit sich fühlt, auch gleichzeitig eins mit allem.

Wenn wir eine Ahnung bekommen, was Eins-Sein bedeutet, welche Befriedigung und welche Liebe uns dabei erfüllt, so werden wir auch immer wacher für das, was uns von der Einheit trennt. Konkret heißt das, ich spüre meine Grenzen!

Ich werde mir bewußt, was ich will und was nicht, was mir guttut und was nicht, welche Möglichkeiten ich für mich sehe und was ich für unerreichbar halte. Durch Grenzerfahrungen erleben wir Trennung. Wir haben Erlebnisse mit der dualen Polarität auf Erden. Das kann schön sein, wenn ich mich stark fühle und wenn ich das Gefühl des Erfülltseins verspüre. Es ist schmerzlich, wenn ich mich allein und ungeliebt weiß. Dann erfahre ich durch Reiki Trost und Zuversicht.

> Wenn wir einen Zweck bestimmen sollen, dann diesen: Materie zu verwandeln und sie zu Geist machen.
> *Nikos Kazantzakis*

Begrenzte Vorstellungen prägen zum Teil das Leben und sie fordern heraus, die Grenzen neu zu überdenken. Reiki führt uns zu unserem innersten Kern, heilt und reinigt uns, Reiki läßt uns die Verbindung mit der universellen Einheit spüren. Ganzheit verbindet uns mit der Einfachheit allen Lebens. Reiki ist einfach.

Meine Gefühle und meine Gedanken durchdringen die Grenze meiner Haut.

Der Weg zu Reiki

Das Reiki-Symbol

Das Wort Reiki mit seinen charakteristischen Zeichen wird in Japan traditionell mit Pinsel und Tusche auf Reispapier aufgetragen. Die Zeichen vermitteln so ihre ursprüngliche Klarheit und ihre individuelle Einmaligkeit, das gemalte Zeichen erhält dadurch eine besondere, eigenständige Dynamik.

Das Zeichnen von Rei und Ki mit Pinsel und Tusche ist der Versuch, die Verbindung der universellen Energie mit unserer Lebenskraft sichtbar zu machen. Unsere Gefühle und Erfahrungen manifestieren sich durch den persönlichen Schriftzug in diesem Zeichen, den wir auf ein Blatt Papier auftragen.

In Rei spiegelt sich das Bemühen von Menschen wieder, die dafür beten, die Urquelle des Lebens möge durch und in uns auf die Erde gebracht werden. Ki symbolisiert die Kraft, die alle Lebewesen auf unserem und auf anderen Planeten erfüllt und begleitet. Ohne die Kraft von Ki ist Leben auf der Erde weder für Menschen und Tiere noch für Pflanzen und Mineralien möglich.

Das Zeichnen von Rei und Ki mit Pinsel und Tusche ist der Versuch, die Verbindung der universellen Energie mit unserer Lebenskraft sichtbar zu machen.

Das Zeichen von Reiki ist eine universelle Erinnerung an etwas, das wir mit Worten nicht erklären können. In Japan wird Reiki als die Sinnbildlichkeit von Lebenskraft verstanden. Das bedeutet, wenn wir hier und jetzt in diesem Moment etwas mit voller Aufmerksamkeit tun, dann ist das Reiki. Je weniger wir präsent sind, desto weniger fließt Reiki.

Der Reiki-Meister Fokke Brink, von dem das auf der rechten Seite abgebildete Reiki-Zeichen stammt, hat sich viele Jahre mit dem Reiki-Symbol in seiner ursprünglichen Form beschäftigt. Das Malen und die Bedeutung jedes einzelnen Pinselstrichs hat er geübt und dabei erfahren, die Form des Zeichens in seinem Inneren zu verstehen. Er hat es studiert und sich bei verschiedenen Lehrern in Japan und in den USA besonderes Wissen darüber angeeignet.

Seine Erfahrungen gibt er in speziellen Workshops über Reiki-Symbole an interessierte Teilnehmer weiter. Wer darüber mehr wissen möchte, kann sich an den Meister selbst wenden. Die Adresse von ihm ist am Ende des Buches auf Seite 95 aufgeführt.

In jedem Strich
meines Pinsels
fließt mein
innerstes Herz
über.

Geistige Führung bei der Arbeit mit Reiki

Jede geistige Arbeit wird durch geistige Führung erleichtert, weil die geistige Ebene in der Regel nicht sichtbar ist und wir daher keinen Überblick haben, was gerade das Beste für uns und unsere aktuelle Situation ist. Da Reiki Energiearbeit mit geistiger Kraft darstellt, unterstützt es uns, wenn wir für eine persönliche, geistige Führung offen sind, wenn wir diese geistige Führung erbitten und wenn wir den Kontakt zu der geistigen Kraft, die uns führt, bewußt pflegen.

Eine traditionelle Form, mit der geistigen Führung in Verbindung zu kommen, ist das Gebet. Da jedoch viele Menschen mit ihrem Glauben im Widerspruch sind und keiner Religionsgemeinschaft angehören, ist es an dieser Stelle wichtig, zu betonen, daß Reiki frei von jeglichem Glauben ist und in keiner Verbindung zu einem religiösen Ritus steht.

Geistige Führung ist in jeder Hinsicht unabhängig zu sehen von jeder Religion. Manche nennen es Intuition, andere personfizieren diese Kraft mit geistigen Wesen wie den Schutzengeln. Die Bezeichnungen und Vorstellungen sind in diesem Zusammenhang allerdings ohne Bedeutung! Entscheidend ist die Tatsache, daß geistige Kraft jedem Menschen zur Verfügung steht. Jedes menschliche Individuum nutzt dieses geistige Potential schon allein kraft seiner Gedanken. Doch geschieht dies zum größten Teil unbewußt.

Um eindeutig die Ausrichtung unserer geistigen Kraft zu spüren, ist es hilfreich, Führung aus der geistigen Welt zu erbitten. Das kann ein Verstorbener sein, den wir geliebt und geachtet haben oder eine religiöse Leitfigur, der wir uns verbunden fühlen. Man kann aber auch einfach Reiki um Führung bitten, die Erde als Mutter und den großen Geist ansprechen, so wie es die Indianer tun. Wenn ich gefragt werde, welche Art ich empfehle, so sage ich: Es ist Deine Entscheidung, welche Form Du wählst, jede funktioniert, und je mehr Du diese Beziehung praktizierst, desto deutlicher wirst Du die Führung wahrnehmen.

Mit Reiki kommen wir in Verbindung mit dem spirituellen Teil unseres Wesens, wir können ihn annehmen und eins werden mit ihm. Wenn Du weißt, wen oder was Du in der geistigen Welt ansprechen willst, dann bitte den oder das um geistige Führung und Schutz für alle Beteiligten, damit das Beste für jeden geschieht. Mit diesem Wunsch liegst Du immer richtig. Wenn das, was geschieht, nicht Deinen Vorstellungen entspricht und Du Schwierigkeiten damit hast, so nimm Dir Zeit, in Ruhe darüber nachzudenken, wo-

Eine traditionelle Form, mit der geistigen Kraft in Verbindung zu kommen, ist das Gebet.

rin Dein Problem besteht. Gib Dir Reiki, um aus Deinem Inneren zu erfahren, was jetzt gut für Dich ist und was Du als nächstes tun mußt. Manchmal ist es so, daß das, was geschieht, erst in einem größeren Zusammenhang sinnvoll erscheint und wir es erst rückblickend verstehen können. Wenn es wichtig ist, so kann man auch um Liebe oder Kraft und Mut oder Weisheit bitten. Höre in Dein Inneres, spüre in Dein Herz hinein, ob Du ehrlich mit Dir selbst bist.

Wenn Du Ärger, Eifersucht, Trauer, oder was auch immer, in Deinem Herzen spürst, nimm es an und bitte um Heilung. Du wirst merken, daß sich etwas verändert in Dir. Vielleicht bemerkst Du einen Wandel in Deinen Ansichten, in Deiner Lebenseinstellung, in Deinen religiösen Gefühlen, in der eigenen Beurteilung der aktuellen Lage, in der Du Dich gerade befindest. Vielleicht fühlst Du, wie Dein Mut, wie Deine Gefühle stärker werden, wie sich Dein Herz weit öffnet. Bleibe offen dafür, damit das geschehen darf, was Veränderung möglich macht. Laß es zu, daß Dein Wille nicht immer entscheidend ist. Gib Dein Bestes in dieser einen bestimmten Situation und übernehme die Verantwortung für Dich und Dein Handeln.

Ich selbst habe einige Zeit gebraucht, um klar und sicher die Verbindung zu meiner geistigen Führung zu finden. Es war notwendig, meine religiöse Erziehung zu hinterfragen, um eine Neuorientierung gestalten zu können. Erst dann habe ich einen völlig neuen, persönlichen Zugang zur geistigen Welt gefunden. Dazu mußte ich mich erst einmal von kirchlichen Geboten und von religiösen Moralvorstellungen lösen, die sich in mir verfestigt hatten. Inzwischen sind mir meine Freunde in der jenseitigen Welt ebenso wichtig wie meine Freunde in der diesseitigen; ich möchte ohne sie nicht mehr leben, ihre Liebe, ihre Nähe und Verbundenheit sind immer mit mir. Mein Dank gilt auch ihnen.

Zwei praktische Übungen als Annäherung

Damit Du eine Ahnung bekommst, was Reiki sein kann, empfehle ich Dir als erstes eine meditative Übung, bei der bereits geistige Kraft fließt. Du mußt Dir jedoch darüber im klaren sein, daß es sich dabei noch nicht um Reiki handelt!

Nimm Dir etwa eine halbe Stunde Zeit und ziehe Dich an einen Ort zurück, an dem Du ungestört bleibst. Wenn Du meditative Musik hören willst, dann schalte das Gerät ein. Setze Dich bequem auf

Löse Dich von religiösen Moralvorstellungen und finde Deine eigene Form des Glaubens an das Leben.

23

einen Stuhl, stelle die Füße nebeneinander auf den Boden, eine Hand auf den Bauch unterhalb vom Nabel und die andere in die Mitte der Brust. Schließe die Augen, entspanne Dich, und atme tief ein und aus und bitte um geistige Führung.

Dann konzentriere Dich auf Deine Vorstellungskraft und visualisiere über Deinem Kopf die Sonne. Stelle Dir vor, wie sie hell und klar über Dir strahlt und leuchtet. Sie sendet ihre warmen Strahlen unablässig zu Dir. Sie dringen über Deinen Scheitel in Dich hinein. Du spürst, wie sie immer stärker und stärker werden. Unendlich ist die Kraft der Sonne, und sie steht Dir zur Verfügung, solange Du willst und solange Du sie benötigst. Die Wärme strömt über Deinen Scheitel in Deinen Körper, fließt durch Deinen Hals in die Brust, weiter in den Rücken, in die Schultern, Arme und Hände hinein, und von der Brust aus weiter durch den Magen in den Bauch und Unterleib, dann weiter in die Beine, durch die Knie bis zu den Füßen und dort in die Zehenspitzen hinein. Dein ganzer Körper ist erfüllt von der Kraft der Sonne über Dir. Liebe und Wohlbefinden breiten sich in Deinem Körper aus.

Stelle Dir nun vor, daß diese Energie genau dort besonders stark hinfließt, wo Du sie in diesem Augenblick am stärksten benötigst. Bitte Dein Herz, sich zu öffnen und schenke Deine ganze Liebe diesem Teil Deines Körpers. Bitte Deine geistige Führung um Heilung und Segen. Nimm Dir dann noch etwas Zeit und bleibe in Ruhe sitzen, damit Du intensiv die heilende Wirkung verspürst.

Vielleicht reagierst Du während dieser Übung emotional zu stark, so daß es gut wäre, einen lieben Freund in der Nähe zu haben, der Dich bei der Übung begleitet und Dir den Anleitungstext langsam vorliest. Wenn Du die Übung allein ausprobieren möchtest, ist es vielleicht hilfreich, wenn Du Dir vor der Übung die Ablaufbeschreibung erst einmal durchliest oder wenn Du den Text langsam aufsagst und ihn auf eine Kassette aufnimmst. Vor und nach diesem Text überspielst Du ruhige, meditative Musik. Auf diese Weise hast Du eine Entspannungskassette hergestellt.

Nimm Dir Zeit, die Energie fließen zu lassen, damit Du möglichst viel von ihrer heilenden Wirkung erfährst. Wenn Du die Übung beenden willst, atme zuerst tief durch, dann strecke und räkle Dich, damit Du Deinen Körper wieder bewußt wahrnimmst. Der tiefe Entspannungszustand, der in der Regel mit dieser Übung eintritt, gibt Dir einen Vorgeschmack auf Reiki. Bei Reiki mußt Du Dir jedoch nichts vorstellen. Bei Reiki legst Du einfach die Hände auf Deinen Körper und läßt die Reiki-Kraft fließen, es geschieht von selbst.

Verbinde Dich mit der geistigen Sonne und laß Dich von ihrer Wärme durchströmen.

Eine ähnliche Übung kannst Du auch im Liegen durchführen. Dabei ist es jedoch wichtig, daß Du gut »geerdet« bist. Beginne deshalb, nachdem Du Dich bequem auf eine Matte gelegt hast, Deine Vorstellungskraft auf Deine Beine zu lenken. Die Beine liegen nebeneinander (niemals bei Energiearbeit die Beine überkreuzen, denn das wäre so, als würde man einen Knoten machen!). Stell Dir nun vor, daß die Kraft der Erde in Dich hineinströmt, von den Füßen durch die Knöchel, dann die Beine hoch, durch die Knie und Oberschenkel, in den Unterleib bis zum Solarplexus (das ist ein Punkt hinter dem Magen). Im Anschluß fährst Du so fort, wie in der Übung oben beschrieben: Stelle Dir eine Sonne über Deinem Kopf vor und spüre wie ihre wärmenden Strahlen bis zu Deinem Herzen vordringen. Auf diese Weise verbindet sich in Deinem Körper die Erdenenergie mit der kosmischen Kraft. Auch für diese Übung solltest Du Dir Zeit nehmen. Energiearbeit erfordert Deine Hingabe und Verantwortlichkeit!

Die drei Reiki-Grade

Jeder wird zu Reiki geführt, wenn er den Wunsch danach hat und wenn der richtige Zeitpunkt gekommen ist. Von der Tradition des Usui-Systems (Seite 16) her werden drei Grade vermittelt. Ich nenne sie auch gerne den »Lehrling«, den »Gesellen« und den »Meister«. Jeder Grad ist eine in sich abgeschlossene Einheit. Das Fortschreiten mit Reiki zum jeweils nächsten Grad ist nur dann sinnvoll, wenn beim Betroffenen von innen her das Bedürfnis besteht.

Der 1. Grad ist vor allem für denjenigen entscheidend, der den Weg zu Reiki sucht, der sich selbst täglich mit Reiki behandeln möchte. Nach den Regeln für die Lehre und Weitergabe ist dafür folgendes festgelegt: In einem Einführungsseminar werden die vorgeschriebenen vier Einweihungen, die Reiki-Geschichte sowie die Lebensregeln von Mikao Usui vermittelt, ferner die Grundpositionen des Handauflegens, die Selbstbehandlung, der Chakrenausgleich sowie die Behandlung mit einem oder mehreren Partnern.

Die Teilnehmer eines Seminars zur Erreichung des 2. Grades erfahren drei Symbole von Reiki. Sie lernen, wie diese bei der Reiki-Arbeit eingesetzt und für Fernbehandlung genutzt werden können. Der 2. Grad wird für solche Schüler gelehrt, die seit der Erfahrung mit dem 1. Grad in ihrem Bedürfnis gewachsen sind, Reiki zu intensivieren.

Die Erlangung des 3. Grades ist der Abschluß einer einjährigen Ausbildung zum Reiki-Meister.

Jeder Grad ist in sich eine abgeschlossene Einheit.

Die Reiki Alliance

Als die Großmeisterin Hawayo Takata 1980 starb, gab es 22 Reiki-Meister. Die erste grundlegende Handlung ihrer Nachfolgerin Phyllis Lei Furumoto ist ein Vorbild für das, was zu ihrem Schwerpunkt in ihrer Führung von Reiki werden sollte: Meister in einer Gemeinschaft zusammenzubringen.

1982 traf sich die Gemeinschaft der Meister erstmals. Es war für alle eine wunderbare Erfahrung. Bei einem erneuten Zusammentreffen im Jahre 1983 beschlossen sie, sich in einer Organisation zu verbinden, der sie den Namen »Reiki Alliance« gaben.

In der Gründungserklärung heißt es: »Wir sind eine Alliance von Meistern.

Wir betrachten alle Meister als ebenbürtig in der Einheit von Reiki.

Wir ehren Phyllis Lei Furumoto als Großmeisterin in der direkten spirituellen Linie von Mikao Usui, Chujiro Hayashi und Hawayo Takata.

Es ist die Absicht der Reiki Alliance, uns als Meister im Usui-System der natürlichen Heilung zu unterstützen.«

Inzwischen sind Reiki-Meister in der Reiki Alliance weltweit organisiert. Jedes Jahr trifft sich die Alliance einmal und jedesmal an einem anderen Ort. Die Alliance hat sich zu einer lebendigen Gemeinschaft entwickelt, mit deren Hilfe die Meister des Usui-Systems in ihrem Bemühen unterstützt werden sollen, nach dessen Lehren und Richtlinien zu arbeiten. Die Reiki Alliance bildet eine Plattform für die regelmäßige Fortbildung der Reiki-Meister und sie ist gleichzeitig auch ein Forum zum regelmäßigen Erfahrungsaustausch auf dem Weg der fortschreitenden spirituellen Vertiefung jedes Einzelnen.

Die Reiki-Meister arbeiten nach den Regeln der Reiki Alliance. Demnach kann jeder an einem Seminar zum 1. Grad teilnehmen, der sich für seine Heilung und sein ganzheitliches Wachstum verantwortlich fühlt. Für den 2. Grad empfiehlt die Alliance eine Mindestübungszeit von drei Monaten, die Teilnahme an Reiki-Treffen sowie ausreichende Erfahrungen in der Gruppenbehandlung. Wer den 3. Grad erreichen will, muß sich selbst zumindest ein Jahr von einem Meister, der selbst über Erfahrungen als Reiki-Meister in einem Zeitraum von mindestens drei Jahren verfügt, ausbilden lassen.

Jeder Reikimeister, der in der Alliance Mittglied wird, ist willkommen. Er/sie hat Zeit seinen Platz zu finden und sich seines einzigartigen Geschenks bewußt zu werden.

1982 traf sich die Gemeinschaft der Reiki-meister zum ersten Mal.

Wie komme ich zu einem Reiki-Meister?

Wer sich an einen Reiki-Meister oder eine Reiki-Meisterin wenden möchte, hört sich entweder in seinem Freundeskreis um oder er/sie bittet im nächsten Esoterikladen um einen Prospekt bzw. frägt nach der Adresse eines Meisters oder einer Meisterin. Es kann sich aber auch jeder, der diese Zeilen liest, an mich wenden (meine Adresse ist am Ende des Buches auf Seite 95 aufgeführt). Wer mich anschreibt und dem Schreiben einen frankierten Umschlag beilegt, erhält von mir eine Adressenliste von Reiki-Meistern im gesamten deutschsprachigen Raum. Wer meint, mit Hilfe dieser Liste einen ihm genehmen Meister/Meisterin gefunden zu haben, ruft bei diesem /dieser an oder schreibt ihm/ihr und bittet um Informationen.

Wenn sich bei mir ein an Reiki Interessierter meldet, so erhält er, je nach Wunsch, folgende Informationen: Termine für Informationsabende, Reiki-Treffen und Wochenendseminare zum 1. und 2. Grad, ferner Informationen über die Meisterausbildung, Hinweise zu Kleingruppen, die mit den Symbolen des 2. Grads arbeiten, nähere Hinweise über Einzelsitzungen, beratende Gespräche, über Fernreiki und eventuelle Ferienseminare. Wer außerdem möchte, kann mit mir einen Termin vereinbaren, um mit mir ein Stück auf dem Weg mit Reiki gemeinsam zu gehen.

Ein Wochenende zum 1. Grad beginnt in der Regel an einem Freitagabend und endet am darauffolgenden Sonntag

> Was hinter uns liegt und was vor uns liegt, sind Kleinigkeiten im Vergleich zu dem, was in uns liegt.
> *R. W. Emerson*

gegen 18.00 Uhr. Ich empfehle jedem Teilnehmer, sich für dieses Wochenende nichts anderes vorzunehmen und sich ganz auf das, was geschieht, einzulassen. Manchmal veranstalte ich auch ein Seminar zum 1.Grad unter der Woche an vier Abenden oder Nachmittagen hintereinander. Berufstätigen rate ich jedoch dringend, sich ein Wochenendseminar auszusuchen.

Besonders empfehlenswert ist ein Ferienseminar für den 1. und 2. Grad. Das ist für jeden ein besonderes Erlebnis. Inmitten einer schönen Landschaft, in ruhiger Umgebung und entspannter Atmosphäre ohne Zeitdruck wird die universelle Einheit allen Lebens durch Reiki ganz besonders empfunden.

Wenn Du die Adresse eines Reiki-Meisters für Dich gefunden hast, so ruf an!

27

Der 1. Reiki-Grad

Wie komme ich zum 1. Grad?

Oft ist es ganz einfach: Jemand hört von Reiki und fühlt sich sofort angesprochen. Etwas hat sein Innerstes berührt, und er läßt sich auf dieses Gefühl ein. Spontan entschließt er sich, einen Reiki-Meister/ eine Reiki-Meisterin aufzusuchen und sich zu einem 1. Grad-Seminar anzumelden.

Bei anderen freilich ist der Weg zu Reiki nicht so gerade. Sie befinden sich in einer persönlich schwierigen Situation: Einerseits wollen sie ihr Leben und die sie bedrängenden Umstände verändern, andererseits wissen sie nicht einmal genau, wie und wo sie wirksam ansetzen müssen. Der Wunsch nach Veränderung ist oft unbewußt. Spürbar kann vielleicht eine innere Unruhe sein, eine allgemeine Unzufriedenheit oder einfach ein Vorwärts-Getriebensein, das noch kein konkretes Ziel erkennen läßt. In einer solchen Situation kann es geschehen, daß derjenige/diejenige von einem Freund bzw. einer Freundin etwas über Reiki erfährt.

Manche hören das Wort Reiki zum ersten Mal. Anfangs sind viele skeptisch, wenn sie von Erfahrungen hören, die sie mit ihrem kritschen Verstand nicht nachvollziehen können, weil diese außerhalb ihrer Erfahrungen liegen. Sicherlich ist es gut, nicht nur einen kritschen Verstand zu haben, sondern diesen auch zu benutzen; er rettet uns aus so manch mißlicher Lage. Viele freilich folgen zu sehr oder ausschließlich nur ihrem Verstand, so daß sie kaum noch ihre Gefühle kennen, weil sie diese nicht zulassen. Mißtrauen, Angst und das Bedürfnis, die Kontrolle und Sicherheit eines rational geprägten Lebens aufrecht zu erhalten, machen sie emotional unbeweglich und lassen sie sichtbar in ihrer Gefühlsarmut mit allen Konsequenzen für ihre seelische und körperliche Gesundheit erstarren.

Reiki hingegen lehrt uns, Kopf, Bauch und Herz zu verbinden. Jeder kann es ausprobieren, er muß sich nur eine Reiki-Behandlung geben lassen. Eine Reiki-Behandlung verpflichtet zu nichts. Ein erster Schritt zu Reiki kann ein Informationsabend bei einem Reiki-Meister oder einer Reiki-Meisterin sein Abschnitt: »Wie komme ich zu einem Reiki-Meister«, Seite 27).

Ein erster Schritt kann aber auch das Lesen eines Buches über Reiki sein. Jeder findet auf eine andere Art und Weise seinen Zugang zu einer solchen Erfahrung. Jeder hat andere Wünsche, Träume und Erfahrungen und – je nach Alter und Lebensumständen – mehr oder weniger Enttäuschungen erlebt. Doch egal auf welche Weise das Tor zu Reiki aufgestoßen wird, eine Voraussetzung muß bei jedem gegeben sein: Derjenige oder diejenige muß bereit sein, sein sich berühren zu lassen. Er/sie muß offen für eine Veränderung auf seinem Weg sein.

Viele begegnen Reiki immer wieder, und irgendwann entscheiden sie sich dafür. Das geht bei einigen sehr schnell, bei anderen kann es Monate oder Jahre dauern. Manche freilich haben kein Bedürfnis nach Erfahrungen mit Reiki. Sie ziehen andere Wege vor. Kommt jedoch ein Interessierter beispielsweise zu mir, der mehr über Reiki wissen möchte, so sage ich ihm:

Wenn Du spürst, daß Reiki für Dich gut ist, Dich anspricht und Du Dich entschieden hast, es zu lernen, so laß Dich dabei von Deinem Herzen leiten. Wenn Du bereit bist, den Weg nach innen zu gehen, sollte Dir der Mensch, von dem Du dich ein Stück begleiten lassen willst,

Jeder findet auf andere Art und Weise seinen Zugang zu Reiki.

angenehm sein, und er sollte Deinem Vertrauen ein Stück entgegenkommen. Laß Dir deshalb Zeit, die zu Dir passende Person zu finden. Es geht um Dich, und Dich gibt es nur einmal auf der Welt, also sei Achtsam mit Dir, Du bist einmalig und deshalb wichtig! Sei es Dir selbst wert, den besten Lehrer/ die beste Lehrerin für Dich zu finden. Schau ihn/sie Dir genau an, spüre in Dich hinein und treffe Deine Entscheidung im Einklang mit Deinem Herzen.

Sei es Dir selbst wert, den besten Lehrer für Dich zu finden.

Manchmal genügt die Stimme am Telefon oder das Bild in einem Prospekt oder der Klang des Namens, um ein gutes Gefühl zu der jeweiligen Person zu haben. Laß Dir Zeit und handle, wenn die Zeit für Dich gekommen ist. Dein Reikimeister kann auch nach dem Erlernen des ersten Grades noch wichtig für Dich sein. Bei Schwierigkeiten, die bei Deinem seelisch/ geistigen Wachstumsprozeß auftauchen können, ist es gut, mit ihm als vertrauensvollem Ratgeber verbunden zu sein. Er kann Dir in Krisensituationen helfend zur Seite stehen und Dir zeigen, wie Du Dir selbst mit Reiki weiterhelfen kannst.

Wo immer Du gehst,
geh mit Deinem ganzen Herzen.
Shu King

Die vier Einweihungen

Der 1. Reiki-Grad, ist der Weg zu Deinem inneren Heiler

Das Kernstück des 1. Grades sind die sogenannten vier Einweihungen. Jeder Teilnehmer eines Einführungsseminars erfährt dasselbe Ritual, das von einem Reiki-Meister/ einer Reiki-Meisterin durchgeführt wird. Der Meister/ die Meisterin wurde dafür ausgebildet. Ich empfehle, sich zu erkundigen, wie lange schon der Meister/ die Meisterin selbst Reiki praktiziert. Er/ sie sollte selbst mindestens drei Jahre Erfahrung haben, nachdem er/sie selbst den 1. Grad erworben hat.

Zwischen den einzelnen Ritualen sollte ein Zeitraum von mindestens drei bis vier Stunden liegen. Dies ist nötig, um die Verbindung, die mit dem Energiefluß entstanden ist, zu spüren, um persönliche Erfahrung mit der Kraft von Reiki machen zu können.

Die vier Einweihungen zusammen ergeben den 1. Grad. Dabei verstärkt sich mit jedem Ritual der Energiefluß, der durch die Hände strömt. Am Ende des Seminars wird diese Kraft von jedem Teilnehmer stärker empfunden als vorher. Das tägliche Sich-selbst-Reiki-Geben danach ist die Grundlage, um auf diesem Weg weiterzugehen.

Die Handpositionen

*Jede Handposition vermittelt die
heilende Liebe von Reiki.
Du kannst nichts falsch machen.*

In der Zeit, die zwischen den Einweihungen zur Verfügung steht, lernen die Teilnehmer die jeweilige Grundhaltung der Handpositionen kennen, um mit Reiki am eigenen Körper, aber auch mit anderen arbeiten zu können. Jede einzelne Handposition hat ihre Bedeutung und ist im Zusammenhang mit den anderen sinnvoll.

Der Meister/die Meisterin vermittelt die jeweilige Grundhaltung, er/sie will jedoch damit andere, ganz intuitiv gefundene Positionen nicht ausschließen. Die Behandlungen sind leichter, wenn der Teilnehmer sich von Reiki führen läßt, wenn er seinen eigenen Willen zurückstellt, wenn er einfach offen ist für das, was geschieht. Dabei wird seine Intuition intensiver, seine Wahrnehmung der Energieströme wird klarer.

Ich selbst bevorzuge es, zumeist, mir eine Hand auf den Bauch unterhalb des Nabels zu legen und die andere auf den Solarplexus oder zwischen die Brust auf das Herzchakra. Mit diesen Handhaltungen schlafe ich jeden Abend ein und beginne so auch meinen Tag.

*Jeder Mensch trägt den eigenen
Heiler in sich.*

Die Hände lernen mit der Zeit ihre eigene »Sprache«. Wenn wir einem Menschen Reiki geben, lernen wir ihn anders kennen, als wenn wir uns mit ihm unterhalten. Es ist eine ganz andere Art der Kommunikation, die wir über Reiki miteinander haben. Es entsteht eine liebevolle Nähe, die gleichzeitig mit Achtsamkeit und Respekt verbunden ist.

Die heilende Kraft

*Liebe ist die Kraft, die heilt.
Es gibt nichts, was der Liebe
Grenzen setzen kann. Es gibt
in Wirklichkeit nichts außer Liebe!*

Jeder, der Reiki in sich aufgenommen hat, spürt, wie heilsam es ist, sich zu öffnen. Es geschieht langsam, so wie es für jeden in seiner ganz persönlichen Weise gerade gut ist, und jeder kann entscheiden, wann und wie er weitergehen möchte. Die Öffnung, die wir mit Reiki erleben, ist zuerst eine Öffnung nach innen. Manchmal kommen wir mit unbewußten, häufig verdrängten Teilen in uns in Verbindung. Das ist nicht angenehm. Wir kommen innerlich in Bewegung.

Wenn wir den Prozeß jedoch annehmen, erfahren wir Erleichterung und kön-

**Die Hände
lernen mit der
Zeit ihre eigene
»Sprache«.**

31

nen wieder freier durchatmen. Daher ist es hilfreich, wenn wir uns auch nach außen öffnen, um das, was in uns in Bewegung gekommen ist, mit anderen zu teilen, um dadurch Unterstützung zu bekommen. Wir lernen, Schritt für Schritt uns selbst mehr zu akzeptieren, mit allem was wir sind und was in uns ist, mit unserer Wut und unserem Ärger ebenso wie mit unserer Liebe und unseren emotionalen Bedürfnissen. Veränderung braucht Zeit, und Reiki hilft uns bei den vielen kleinen Schritten, die damit verbunden sind.

Bewußtsein ist etwas, das sich ständig entwickelt.

Hilfe zur Selbsthilfe.

Reiki erfüllt Dich mit Liebe und Kraft.
Reiki läßt Dich aufmerksam werden,
damit Du dem Leben offen
begegnen kannst.

Fast alle Teilnehmer eines Einführungsseminars zum 1. Grad machen überraschende Erfahrungen. Einige bemerken plötzlich, daß körperliche Beschwerden, die sie schon mehrere Jahre plagten, schwächer werden oder sogar ganz verschwinden, andere entdecken wieder Gefühle in sich, Gefühle, die sie längst unterdrückt hatten, wieder andere gelangen zu mehr geistiger Klarheit, und sie fassen den Entschluß, ein schwieriges Problem zu lösen.

Für jeden rückt das in den Vordergrund, was im Moment gerade am wichtigsten ist, und jeder kann damit beginnen, den Faden seines Lebens aufzuwickeln, um sich selbst und für sein Leben eine neue Qualität zu finden. Durch die tiefe Liebe, die bei Reiki immer spürbar ist, die Kraft, die uns hält und stärkt, wächst das Vertrauen und der Mut zum Leben. Die Bereitschaft, die Verantwortung für das eigene Leben zu übernehmen, wird gefördert. Es ist nicht mit Worten zu sagen, was Reiki ist. Wenn Reiki in unser Leben kommt, ist das ein ganz besonderes Geschenk. Es verändert unser Leben und ist durch unsere Hände immer für uns da.

Reiki ist ganz einfach,
und zuerst für Dich selbst.

Du kannst nur das an andere weitergeben, was Du selbst in Dir trägst. Deshalb erfülle Dich selbst mit Liebe, Freude und Klarheit. Nimm Dir Zeit für Dich und lade Dich selbst mit Reiki täglich neu auf.

Während des Einführungsseminars und auch danach findet eine starke Reinigungsphase in einem Zeitraum von 21 Tagen statt. Deshalb ist es wichtig, viel zu trinken. Am besten nimmt man Wasser oder Kräutertees zu sich, auf alle Fälle aber keinen Alkohol.

Anfang und
Ende –
alles ist eins.

Die Selbstbehandlung

Eine Selbstbehandlung mit Reiki kann man fast immer und überall durchführen, als Beifahrer im Auto, in der U -Bahn oder während eines Gesprächs. Es ist fast immer möglich, sich zumindest eine Hand auf den Körper zu legen. Diese kleinen Gelegenheiten zur Selbstbehandlung mit Reiki sind sinnvoll, um sich innerlich zu sammeln, schwierige Situationen mit mehr Ruhe und Gelassenheit durchzustehen oder zu überwinden oder um sich ganz einfach nur wohlzufühlen.

Eine »Zwischendurch-Behandlung« ersetzt allerdings nicht die eigentliche Selbstbehandlung, für die man sich einmal am Tag Zeit nehmen sollte. Obligatorisch ist eine Selbstbehandlung am Abend vor dem Einschlafen und am Morgen nach dem Aufwachen. Auch wenn man in der Nacht wach wird, sollte man sich die Hände auflegen, anstatt sich unruhig im Bett hin- und herzuwälzen. Reiki hilft, Ruhe zu finden und wieder einschlafen zu können.

Eine Selbstbehandlung von etwa 30 Minuten nach der Arbeit und vor dem Übergang in die Freizeit kann wohltuend sein. Eine Selbstbehandlung bietet die Möglichkeit, den Tag zu verarbeiten. Danach ist man ausgeglichener, und man fühlt eine entspannte Distanz zu den Lasten des vergangenen Tages.

In Krisenzeiten, in denen es schwierige Situationen zu meistern gilt, ist es gut, sich täglich eine Stunde oder mehr Zeit für eine Selbstbehandlung zu gönnen. Wer die Qualität von Reiki einmal schätzen gelernt hat, bei dem geschieht dies aus einem inneren Bedürfnis heraus, und es geschieht ganz selbstverständlich.

Die Selbstbehandlung erfüllt uns immer mit Liebe und Vertrauen. Das schenkt die Grundlage, das eigene Leben zu akzeptieren und die jeweilige Situation so anzunehmen, wie sie ist, um das Beste daraus zu machen. Projektionen und Schuldzuweisungen können distanzierter betrachtet werden. Indem mehr Klarheit über die eigenen Anteile einer Konfliktsituation entsteht, kann man lernen, anders damit umzugehen. Bewußtsein ist etwas, das sich entwickeln muß, und das geschieht nicht von heute auf morgen. Krisenzeiten geben die Gelegenheit, erweitertes Bewußtsein im Alltag praktisch umzusetzen und zu erproben. Die tägliche Selbstbehandlung mit Reiki führt zu einer persönlichen, inneren Ordnung im Leben. Sie schafft das Fundament für Zufriedenheit und Glück.

Jede Reikibehandlung, ob nun als Selbst- oder als Partnerbehandlung, wird am besten im Liegen durchgeführt. Dabei handelt es sich um eine besonders vorteilhafte Position.

Augen:

Die Hände werden zuerst über die Augen, Stirn und Wangen gelegt. Dabei schließen wir automatisch die Augen und wenden uns nach innen. Alle Probleme mit Augen, Stirnhöhle und Nebenhöhlen erfahren auf diese Weise Unterstützung.

Ohren:

Die Ohren sind über viele Akkupunkturpunkte mit inneren Organen verbunden. Mit dieser Position erhalten nicht nur die Ohren und alles, was sie direkt betrifft, die Kraft von Reiki, sondern auch alles, was mit ihnen über den Energiekreislauf, die Meridiane, in Zusammenhang steht.

Hinterkopf:

Hier ist der Sitz des Kleinhirns, es ist unter anderem zuständig für das Gleichgewicht, für einen Teil unserer Bewegungen und es ist verbunden mit dem Rückenmark. Diese Position beruhigt und schenkt das Gefühl der Geborgenheit. Außerdem werden dadurch auch Träume aktiviert.

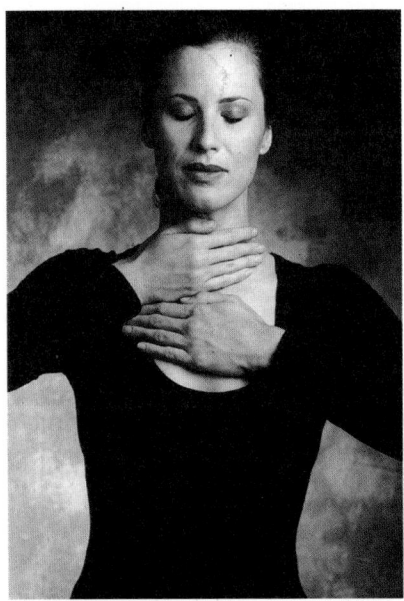

Hals-Chakra:

Es ist verbunden mit dem persönlichen Ausdruck, nicht nur der Stimme, sondern auch der Gesamtpersönlichkeit. Es bildet eine Brücke vom Kopf zum unteren Teil des Körpers.

Die **Thymusdrüse** gilt als Wachstumsdrüse, der im Erwachsenenalter (aus medizinischer Sicht) keine große Bedeutung mehr zugemessen wird. Sie ist jedoch auch mit seelisch-geistigen Wachstumsprozessen verbunden und mit akuten Gefühlen. Reiki an dieser Stelle, aktiviert die Abwehrkräfte des Körpers.

Herz-Chakra:
Entwicklung unserer Liebesfähigkeit und Hilfe bei emotionalen Herzschmerzen.
Solarplexus: Bauchspeicheldrüse, nervöser Magen, Umgang mit der eigenen Kraft.

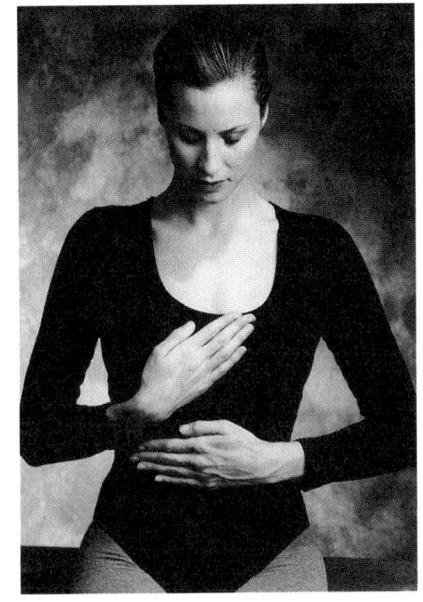

Sakral-Chakra:
Alles was mit der Verdauung zusammenhängt, Fortpflanzungsorgane, Sinnlichkeit und Partnerschaft.
Wurzel-Chakra: Die Basis unserer körperlichen Kraft, Verbindung mit der Erde und Struktur gebend.

Der Ausgleich der Chakren

Chakra ist ein Wort aus dem indischen Sanskrit und kann mit »Rad« oder »Energiezentrum« übersetzt werden. Es gibt sieben Hauptchakren am Körper, die an der Wirbelsäule ihren Ausgangspunkt haben und sich nach vorne zum Körper hin öffnen. Die Chakren sind energetische Teile im feinstofflichen Bereich des Menschen.

Wenn die Chakren ausgeglichen sind, fließt die Energie im Körper harmonisch, und wir fühlen uns wohl. Das ist jedoch nicht immer der Fall. Durch einseitige Arbeit, sind wir oft einseitig belastet und von daher nicht ausgeglichen.

Dazu kommt, daß viele Menschen in der westlichen Welt die Tendenz haben, fast alles mit dem Verstand zu machen. Dadurch vernachlässigen sie die emotionalen Teile ihres Wesens und lassen sie verkümmern.

Durch den Chakrenausgleich mit Reiki haben wir die Möglichkeit, uns selbst wieder in die Balance zu bringen. Wir können uns selbst oder anderen diesen Ausgleich geben.

Wenn wir ihn bei anderen anwenden, können wir dies als kurze, eigenständige Behandlung tun. Dabei ist es ratsam, zum Abschluß die Knie und die Füße zur Erdung miteinzubeziehen.

Erstes und sechstes Chakra:
Diese beiden Chakren werden miteinander ausgeglichen. Dabei kommt die Energie, die eventuell einseitig im Kopf festgehalten wird, in Harmonie mit der formgebenden und strukturierenden Kraft des Wurzel-Chakras.

Zweites und fünftes Chakra:
Sie verbinden die Kräfte des Sakral-Chakras mit dem Hals-Chakra und fördern so den harmonischen Ausdruck der Persönlichkeit.

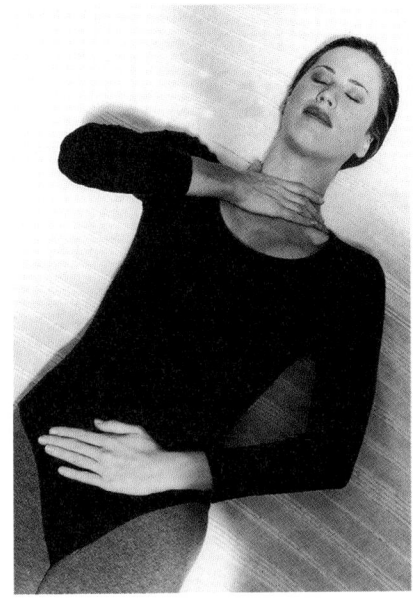

Drittes und viertes Chakra:
Die Kraft des Willens wird verbunden mit der Kraft des Herzens.

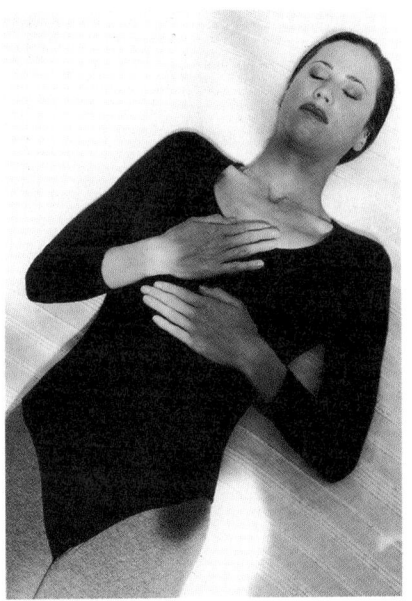

Die Partnerbehandlung

Bei Reiki erleben wir nicht nur das Nehmen, sondern auch das Geben. Durch die Reiki-Einweihung sind wir zum einen Empfänger der universellen Lebenskraft, zum anderen sind wir aber auch Kanal für den Empfangenden. Wenn wir Reiki mit einer oder mehrerer Personen austauschen, erfahren wir, daß nicht nur der jeweils Nehmende Reiki-Kraft erhält, sondern daß auch gleichzeitig dem jeweils Gebenden etwas davon zufließt. Sobald ich bereit bin, einem anderen Reiki zu geben und ihm die Hände dafür auflege, erhalte auch ich selbst Reiki. Dadurch, daß ich mich als Kanal für den Kraftzufluß zur Verfügung stelle, bin ich mit der universellen Quelle der Energie direkt und bewußt in Verbindung. Ich bekomme immer das, was ich gerade für mich selbst benötige. Die Energie fließt durch mich hindurch.Und das, was der andere braucht, fließt zu ihm.

Die Reiki-Kraft ist neutral. Sie ist einfach die Kraft des Lebens.

Die Reiki-Kraft ist neutral. Sie ist einfach Kraft des Lebens. Sie fließt durch uns hindurch und führt uns zu unserer eigenen Verantwortung dem Leben gegenüber. Als Gebender von Reiki übernehme ich eine besondere Verantwortung für denjenigen, der sich als Nehmender für Reiki öffnet und der sich mir anvertraut. Zu dieser Verantwortung des Gebenden gehört ein besonderes Maß an Achtsamkeit in der Beobachtung der physischen und psychischen Veränderungen beim anderen.

Der verantwortungsvolle Gebende sollte auf folgende Dinge achten: Ist das Vertrauen gegeben und die Bereitschaft vorhanden, Reiki zu empfangen? Wie ist die Atmung meines Partners? Welche reflexartigen Muskelanspannungen und -entspannungen treten auf? Wirkt er gelöst und offen? Welche Gefühle nehme ich direkt und über meine Hände bei ihm wahr? Ist er ruhig und gelassen oder ist er verkrampft und blockiert? Wirkt er aufgeregt und ungeduldig?

Bei einer Reiki-Behandlung erfasse ich als Gebender den Partner in seiner Ganzheit von Körper, Geist und Seele. Ich kann ihm mit Reiki in dem Maße dienen, wie es zu diesem Zeitpunkt für ihn gerade erforderlich und für seine Heilung förderlich ist. Als Gebender muß ich mir der Weisheit der universellen Lebensenergie bewußt sein. Dadurch kann ich den Partner unterstützen, seinen eigenen Weg zu finden.

Nach der Behandlung ist es gut, wenn sich die Partner im Gespräch austauschen, wenn sie sich gegenseitig mitteilen, was sie empfunden und wahrgenommen haben. Dabei erfahren sie möglicherweise, daß sie sich beide in einer ähnlichen Situation befinden oder daß sie sich gerade mit dem gleichen Thema beschäftigen. Dadurch können manchmal Probleme klar erkannt und vielleicht sogar gemeinsam neue Lösungsmöglichkeiten gefunden werden. Gegenseitige Offenheit und Vertrauen sind Voraussetzung, die persönliche Verantwortung für jede Entscheidung ist die Grundlage. Dadurch entwickelt sich bei gleichzeitiger Distanz eine hilfreiche Nähe, die so die freie Entwicklung der Partner fördert.

Bei Reiki kann nicht mit negativer Energie gearbeitet werden. Negativ können nur unsere Gedanken, Meinungen und Beurteilungen sein, wenn es uns an Weitsicht, Weisheit, Erfahrung und Verantwortung dem Leben gegenüber mangelt. Wenn wir uns voller Vertrauen und in bedingungsloser Ehrlichkeit uns selbst gegenüber von Reiki führen lassen, werden wir immer der allumfassenden Liebe, die über Reiki zu uns kommt, teilhaftig sein. Wir werden mehr Klarheit finden in dem Erkennen von uns selbst, und es wird uns mehr Kraft zuteil werden, damit wir unsere existentielle Situation besser meistern können.

Wir bitten um geistige Führung und beginnen dann mit der ersten Position: Wir legen achtsam die Hände auf, so daß es für den Nehmenden angenehm ist.

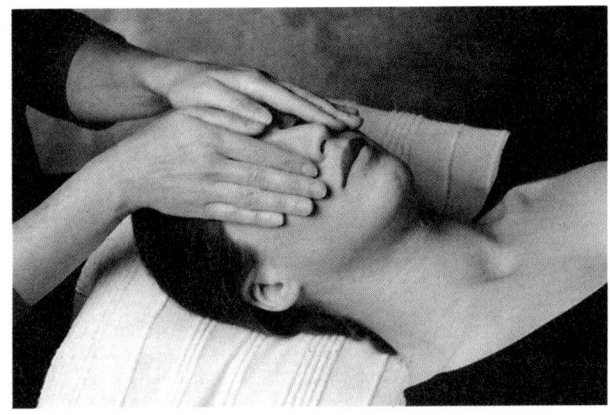

Augen: Die Hände werden über die Augen, Stirn und Wangen gelegt. Dabei werden automatisch die Augen geschlossen und es beginnt die Hinwendung nach innen. Probleme der Augen, Stirnhöhle und Nebenhöhlen erfahren durch Reiki Unterstützung bei der Heilung.

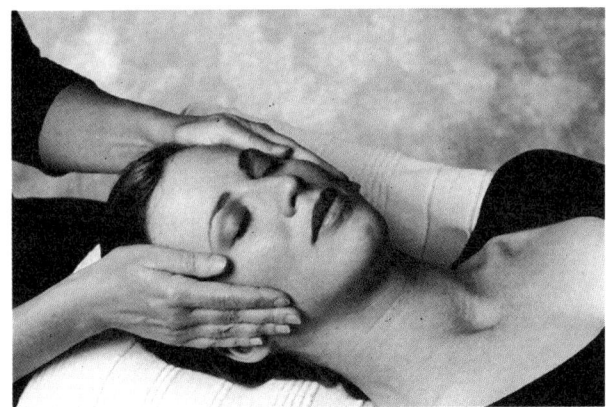

Schläfen: Löst Spannungen auf, besonders im Stirn- und Augenbereich.

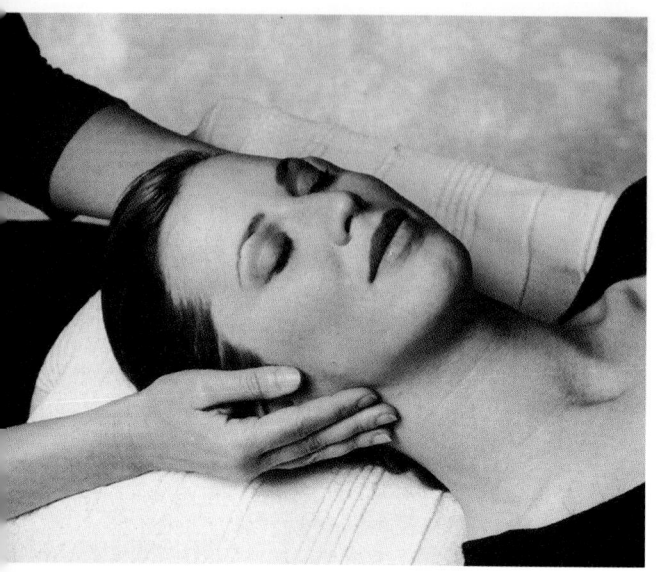

Ohren:
Sie sind über viele Akkupunkturpunkte mit inneren Organen verbunden. So erhalten mit dieser Position nicht nur die Ohren und alles, was sie direkt betrifft, Reiki, sondern auch das, was mit ihnen über den Energiekreislauf, die Meridiane, in Zusammenhang steht.

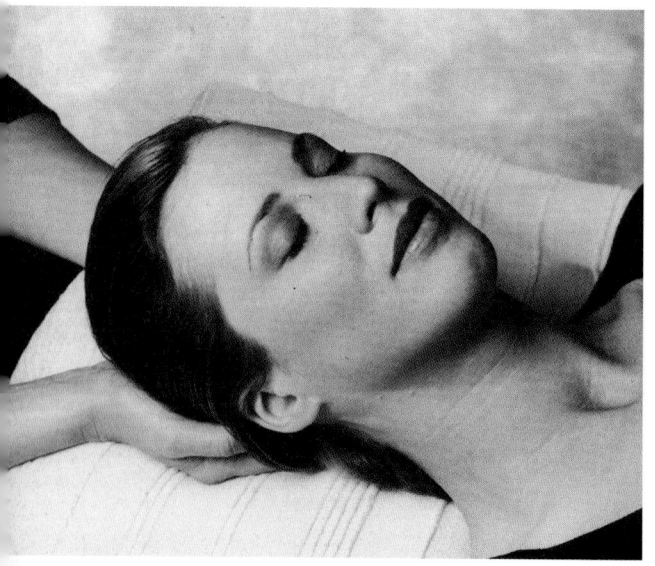

Hinterkopf:
Sitz des Kleinhirns, das zuständig für das Gleichgewicht, für einen Teil unserer Bewegungen und mit dem Rückenmark verbunden ist. Diese Position beruhigt, schenkt Geborgenheit und aktiviert die Träume.

Hals:

Fördert den Ausdruck der Persönlichkeit, lößt den »Kloß« im Hals, beeinflußt die Schilddrüse und die Lymphknoten sowie das Sprechen.

Thymusdrüse:

Wirkt auf Gefühle befreiend, läßt frei atmen, bringt Linderung bei Streß und Asthma.

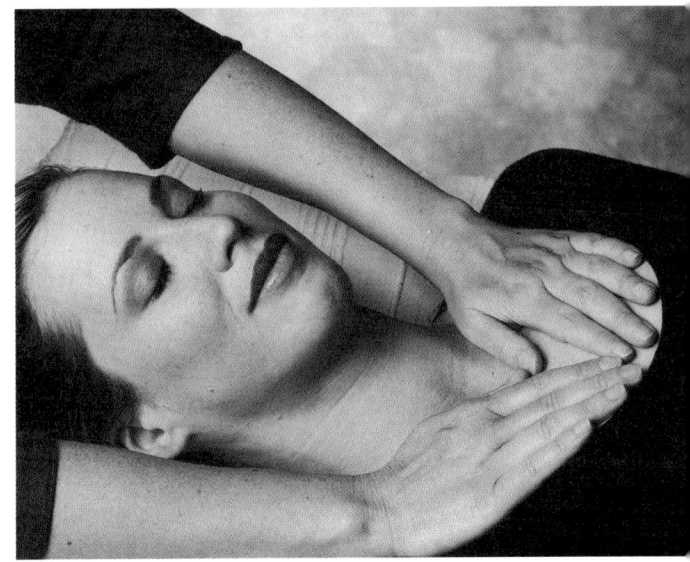

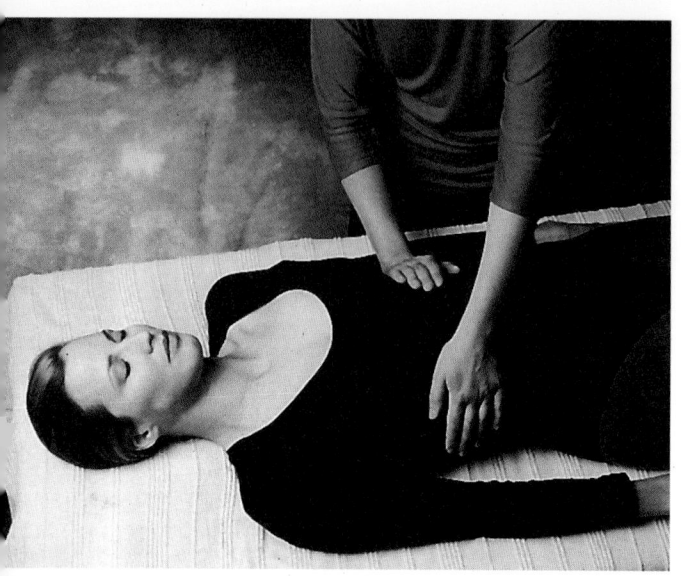

Lungen:
Fördert die Tiefenatmung und bringt die Lungen dadurch zur Ausdehnung.
Reinigung der Lungen.
Leber: Fördert den Stoffwechsel und führt so zur Entgiftung.
Milz: Abwehrorgan und zuständig für den Blutkreislauf.

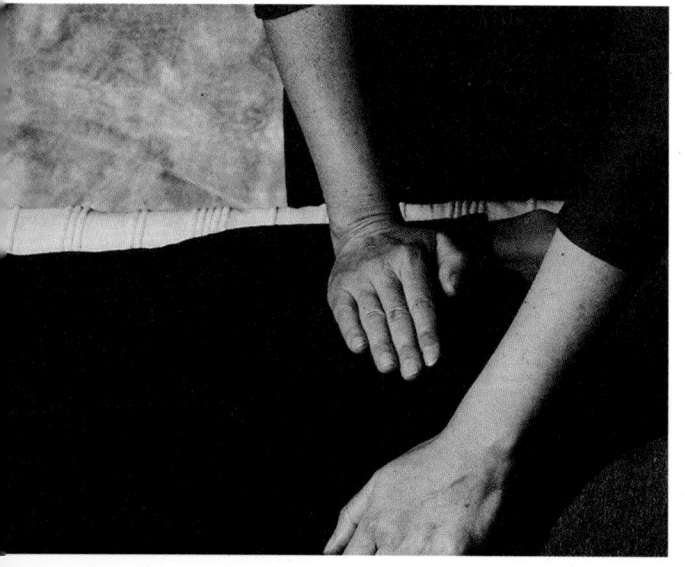

Becken:
Verdauung, Fortpflanzungsorgane der Frau, Anspannungen werden gelöst.

Leisten:

Lymphknoten, männliche Fortpflanzungsorgane, hilft die Energie zu erden.

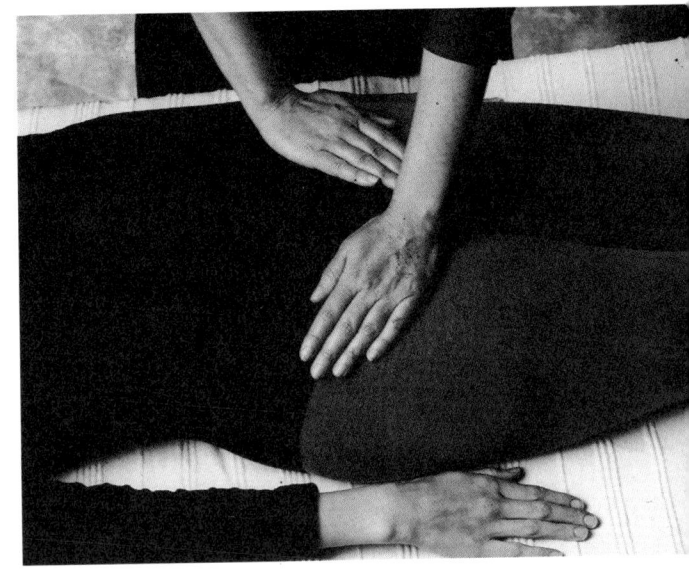

Knie:

Kniebeschwerden weisen auf notwendige Veränderungen hin, bezüglich Toleranz in Verbindung mit Stolz und Demut.

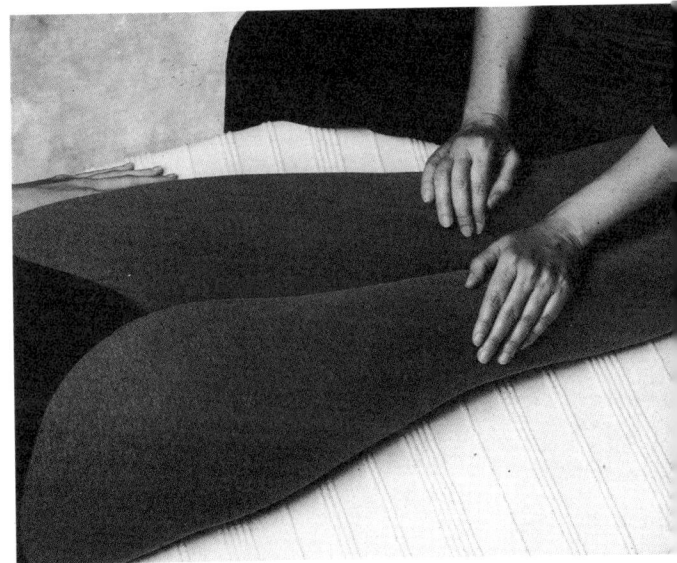

45

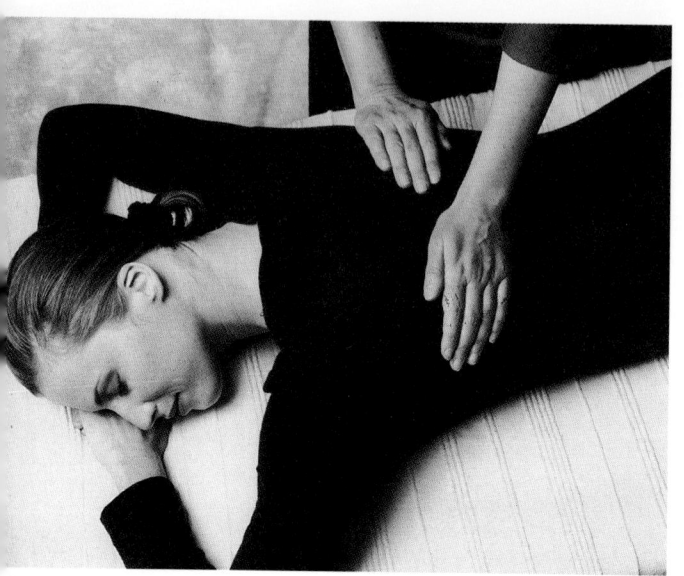

Rücken und Schulterblätter:
Löst Spannungen und Blockaden, die durch Streß verursacht sind, auf.

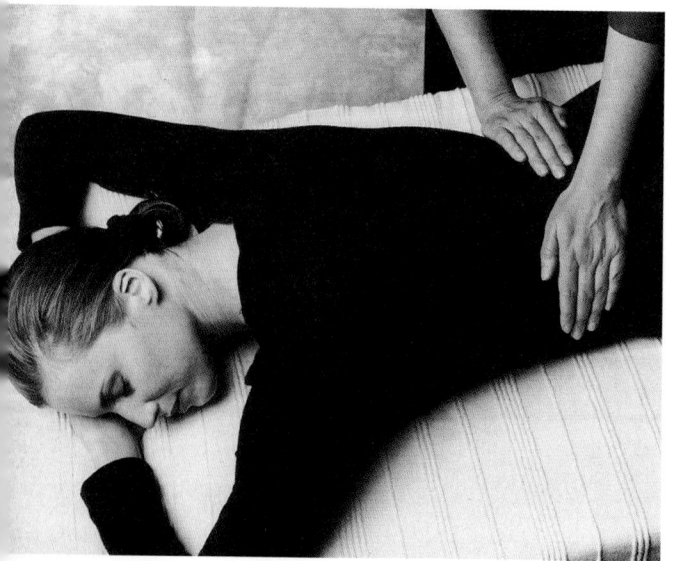

Nieren:
Regelt den Salz- und Wasserhaushalt des Körpers, ist im energetischen Bereich für Beziehungen zuständig.

Anfang und Ende der Wirbelsäule werden mit Reiki ausbalanciert:
Die Wirbelsäule als Energiekanal wird gereinigt und aufgeladen.

Füße:
Zum Abschluß einer jeden Reiki-Sitzung erfolgt die Erdung.

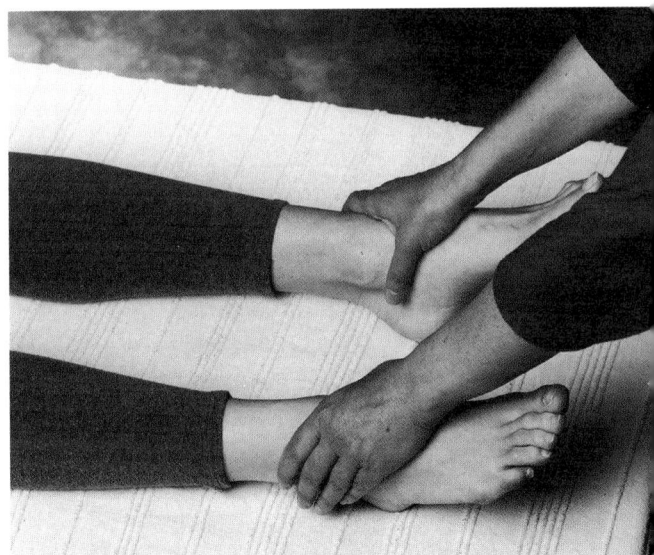

Reiki mit Kindern

Kinder reagieren auf Reiki natürlich und spielerisch. Die ersten Reiki-Kontakte geschehen in der Regel über Mutter und/oder Vater. Das Kind bekommt beim Gute-Nacht-Sagen die Hand auf den Bauch gelegt, und es genießt die Berührung und Wärme. Das Wohlbefinden, das sich bei ihm einstellt, führt zu Ruhe und Entspannung, so daß es schneller einschlafen kann. Automatisch zieht es die Hand der Mutter bzw. des Vaters an die Körperstelle, wo es Reiki gerade haben möchte. Es macht damit deutlich, wo es die Energie in diesem Moment benötigt. Durch die Verbindung zu den Eltern lernt das Kind Reiki kennen. Es sieht, wie Mutter und/oder Vater sich die Hände auflegen, und es möchte in diese Behandlung einbezogen werden.

Kinder haben Freude an der stillen, liebevollen Berührung, die ihnen die Eltern durch Reiki zuteil werden lassen. Oft legen auch sie den Eltern ihre Hände auf, um selbst Reiki zu geben. Zu Reiki haben sie eine ganz natürliche, unkomplizierte Einstellung. Sie haben ihren Spaß dabei, und manchmal fangen sie sogar an herumzualbern. Kinder können sehr mitfühlend sein, wenn es einer geliebten Person schlecht geht. Mit Reiki haben sie eine Möglichkeit, ihre Zuwendung auszudrücken und so auf ihre Weise Trost zu spenden. Mit Reiki haben sie buchstäblich es in der Hand, ihre Liebe zu zeigen.

Die siebenjährige Levana beispielsweise hatte drei Monate, bevor ihre jüngste Schwester geboren wurde, den 1.Grad erhalten. Für sie war es später ganz selbstverständlich, dem Schwesterchen, wenn es vor dem Einschlafen schrie, Reiki zu geben, um es zu beruhigen und damit die Mutter zu entlasten.

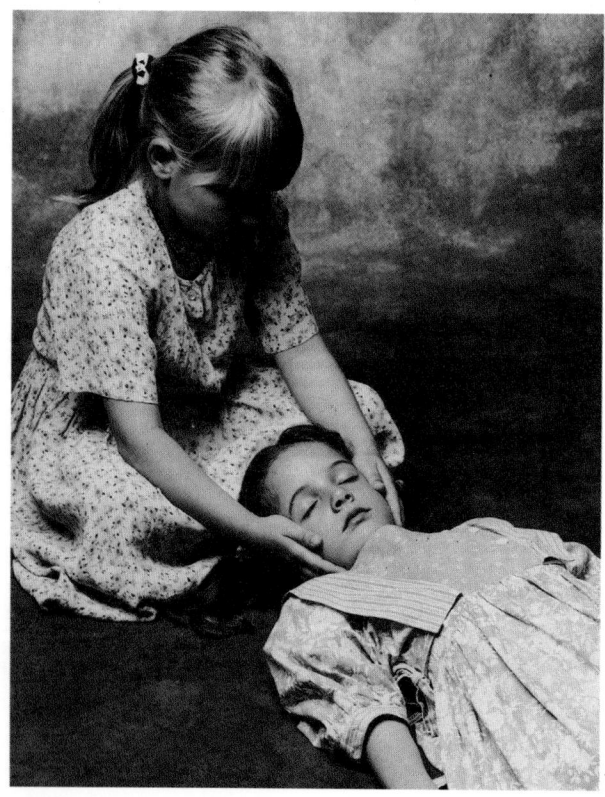

Du bist ein Kind des Universums
Nicht weniger als Bäume und Sterne;
Du hast ein Recht, hier zu sein.
Und ob es Dir klar ist oder nicht,
Das Universum entfaltet sich
unleugbar, so wie es soll.
Desiderayta (Max Ehrmann)

Nach meiner Erfahrung sind Kinder in der Regel sehr am Austausch von Reiki interessiert. Dabei spielt es oft keine Rolle, ob es mit dem Geschwisterchen, mit der Katze oder dem Hund oder mit Vater und Mutter geschieht. Kinder wachsen im täglichen Umgang mit der kosmischen Energie auf, sie empfinden sie als ganz natürlich und hilfreich.

Damit Kinder Reiki ganz konkret für sich nutzen können und damit ihnen bewußt werden kann, daß dies vor allem ein Geschenk für sie selbst ist, brauchen sie die Unterstützung ihrer Eltern. Wenn ein Kind sich nicht wohlfühlt, möchte es die Nähe und Zuwendung von Mutter bzw. Vater haben. Eltern haben dann die Möglichkeit, Reiki in die Fürsorge für ihr Kind miteinzubeziehen. So lernt das Kind, wie man sich selbst die Hände auflegt, und es lernt, die Kraft auch für sich selbst zu nutzen. Wenn Kinder mit Reiki in Berührung gekommen sind, kommen sie ganz von

allein zu ihren Eltern und bitten um eine Handauflegung, wenn ihnen etwas weh tut. Die liebevolle, heilende Kraft wird ganz unvoreingenommen zum Bestandteil ihres Lebens. Wenn sie älter werden, erfahren sie Reiki als Erleichterung bei Schulstreß, und sie lernen immer mehr, diese Kraft für sich selbst zu nutzen.

Persönliche Erfahrungen mit dem 1. Grad

Bericht von Dorothea

Ich lernte Reiki Ende 1995 kennen, als es mir wegen einer gescheiterten Beziehung psychisch so schlecht ging, daß ich Antidepressiva nehmen mußte, um meinen alltäglichen und beruflichen Pflichten nachkommen zu können.

Eine Freundin, die bereits den 1. und 2. Grad erreicht hatte, behandelte mich direkt und aus der Ferne. Jedesmal spürte ich eine intensive, mehrere Stunden über die Behandlung hinaus anhaltende Wärme, die vom Sonnengeflecht aus in den ganzen Körper strahlte. Die Wärme entspannte mich tief und ließ mich wieder meine »Mitte« finden. Ich beruhigte mich, konnte nachts wieder schlafen, so daß ich sogar in der Lage war, die Psychopharmaka abzusetzen.

Diese Wirkung beeindruckte mich derart, daß ich beschloß, ebenfalls Reiki zu lernen. Bereits Ende Januar 1996 bot sich dazu Gelegenheit: Ich lernte Lore kennen, die mich in Reiki einweihte .

Schon während des Einführungsseminars lösten sich bei mir einige Blockaden, und bereits in den folgenden Tagen stellte ich mit großer Überraschung fest, daß sich ein Symptom, unter dem ich jahrelang gelitten, es aber dennoch als un-

Die Wirkung beeindruckte mich derart, daß ich beschloß, ebenfalls Reiki zu lernen.

abänderlich hingenommen hatte, plötzlich wesentlich besserte: Mein Kreislauf und mein niedriger Blutdruck stabilisierten sich, und meine ständig kalten Füße und Hände wurden auf einmal warm! Trotz der Kälte, die zu jenem Zeitpunkt herrschte, fror ich kaum noch, und das Heizkissen im Bett, ohne das ich im Winter sonst niemals schlafen konnte, wurde überflüssig. Was für ein herrliches Gefühl, im Bett keine kalten Füße mehr zu haben!

Das ermutigte mich natürlich, Reiki so oft wie möglich zu machen, und so lege ich mir nach wie vor bei jeder Gelegenheit die Hände auf, entweder einfach auf den Bauch oder auf Thymus und Herz. Und ich genieße die wohltuende Wärme.

Die erste Person, der ich eine Reiki-Vollbehandlung gab, war meine Mutter. Sie hatte sich bei mir über starke Ischiasbeschwerden beklagt, und ich bot ihr die Behandlung an. Ich hatte nicht viel Ahnung, was Ischias ist und an welcher Körperstelle die Schmerzen auftreten. Meine Mutter dachte wohl, ich wüßte Bescheid; jedenfalls hatte sie nichts gesagt.

Als ich dann ihren Rücken behandelte und meine Hände auf das Gesäß legte, merkte ich, daß sich die Stelle, wo meine Hände lagen, nicht erwärmen wollte. So ließ ich die Hände dort lange liegen und spürte nach geraumer Zeit ein intensives Prickeln, erst in den Handflächen, dann bis hinauf zu den Ellenbogen.

Nach der Behandlung sagte mir meine Mutter, daß das genau die Stelle wäre, die am meisten schmerzte. Am nächsten Tag rief sie mich an und erzählte mir, daß sie nach der Behandlung sehr müde geworden wäre und in der Nacht wunderbar geschlafen hätte.

In der Folgezeit hatte ich zwei beeindruckende Erlebnisse mit Pflanzen.

Eine der Pflanzen in meiner Wohnung hatte während der Zeit, als es mir so schlecht ging, offenbar mit mir mitgelitten. Jedenfalls hatte sie fast alle Blätter verloren. An drei aufeinanderfolgenden Tagen gab ich ihr abends Reiki, indem ich etwa 15 Minuten ihren Topf umfaßte, um Reiki fließen zu lassen. Wenige Tage später bereits war sie wieder voll mit kleinen Blattknospen.

In meinem Büro hatte ich einen Efeu zu gießen vergessen. Alle seine Blätter hingen schlapp und kraftlos herab. Dies war mir schon mehrmals passiert, und es hatte immer bis zum nächsten Tag gedauert, bis er sich wieder erholt hatte. Diesmal gab ich ihm Reiki. Mir wurde dabei unglaublich heiß und meine Hände prickelten und klebten förmlich an der Pflanze. Ein paar Stunden später hatte sie sich erholt.

Das schönste Reiki-Erlebnis bisher hatte ich aber mit einem Freund, mit dem mich große Sympathie verbindet.

Während einer Behandlung machte ich bei ihm den Ausgleich von Herz- und Kopfchakra. Sofort spürte ich einen starken Energiefluß, dessen Intensität ständig zunahm, bis eine Art Energiekreislauf uns beide verband und unsere Körper durchflutete. Diese Energie war so intensiv, daß ich meine Hände aus dieser Position nicht lösen konnte; so hielt dieser für uns beide wunderbare Zustand etwa eine Viertelstunde an.

Seit ich Reiki mache, hat sich vieles für mich geändert. Fühlte ich mich früher häufig wegen beruflicher Überlastung ausgebrannt und am Ende, so habe ich jetzt ein einfaches Mittel, mir selbst wieder Energie und innere Ruhe zu geben. Habe ich die Gelegenheit, einem Freund oder Kollegen Reiki zu schenken, merke ich an der dankbaren Resonanz, die ich bekomme, wie stark und wie wohltuend diese Kraft ist. Außerdem genieße ich es jedesmal, wenn ich durch Reiki eine liebevolle Verbindung mit einem anderen Menschen aufnehmen kann, da körperliche Kontakte viel zu selten sind, obwohl wir sie doch so nötig brauchen.

Mit Reiki habe ich jetzt ein Mittel, mir selbst immer wieder Energie und innere Ruhe zu geben.

Bericht von Barbara

Meine wichtigste Erfahrung mit Reiki ist, daß nichts mehr so wie früher ist, das heißt, meine Art zu leben, zu denken und andere Menschen zu sehen, hat sich gravierend verändert. Ebenso veränderten sich meine Interessen und dadurch auch mein Freundeskreis.

Früher, wenn ich nach der Arbeit nach Hause kam, machte ich erst mal die Glotze an. Dabei war es mir völlig egal, was lief. Hauptsache es gab Action und je mehr desto besser. Inzwischen sehe ich so gut wie gar nicht mehr fern. Ich ziehe mich lieber mit einem guten Buch und bei schöner Musik in meine Kuschelecke zurück (plötzlich habe ich viel mehr Zeit!). Diese Wandlung betrifft auch meine Freizeitgestaltung und Urlaubsplanung. Bisher waren Streßreisen (viel sehen und pausenlos unterwegs sein) für mich das höchste, inzwischen finde ich das stille Wandern in der Natur ohne Streß viel erholsamer, denn ich kann dann wunderbar abschalten und nachdenken.

Nachdem ich jetzt meine Umgebung und meinen Alltag bewußter erlebe, setzte ich meine Prioritäten völlig anders. Ich habe angefangen, auf mich und meine Bedürfnisse zu achten. Und ich erlaube mir auch, einmal »nein« zu sagen, wenn etwas nicht meine Zustimmung findet oder wenn ich einfach keine Lust zu bestimmten Dingen habe. Ich versuche nicht mehr, allen alles recht zu machen. Diese Veränderung hat mir aber besonders im Freundeskreis und in der eigenen Familie größere Probleme bereitet. Doch nicht ich habe Probleme mit meinen Freunden, sondern sie haben Probleme mit mir. Ich bin plötzlich nicht mehr so »pflegeleicht«, man kann mit mir nicht mehr alles machen, was man will. Mein Harmoniebedürfnis hat sich deutlich verringert, und ich bin jetzt auch fähig, eigene Standpunkte zu vertreten. In der eigenen Familie ist dies schon deutlich schwieriger, aber auch hier sehe ich für mich einige Fortschritte, da ich angefangen habe, mir nicht immer gleich ein schlechtes Gewissen einreden zu lassen, wenn ich nicht die ideale Tochter sein kann, die sich meine Eltern vorstellen.

Irgendwie ist mein Selbstbewußtsein in der letzten Zeit deutlich gestiegen. Dadurch hat sich auch etwas in meinem Berufsleben verändert. Ich komme nicht mehr so schnell aus dem Konzept. Ein Beispiel hierfür ist eine hausinterne Schulung, an der ich als Referentin teilnahm. Früher war ich vor einer solchen Aufgabe schon Tage vorher nervös, aufgeregt und konnte nicht mal mehr schlafen. Am schlimmsten war für mich freies Sprechen vor anderen, egal ob ich sie vorher kannte oder nicht. Und wenn dann auch noch

Früher, wenn ich nach der Arbeit nach Hause kam, machte ich zuerst die Glotze an.

Fragen gestellt wurden, kam ich ganz schön ins Schwitzen und war sehr schnell am Ende. Das letzte Mal hat es mir jedoch richtig Spaß gemacht, mein Vortrag war für mich ein besonderer Erfolg. Und das habe ich Reiki zu verdanken.

Doch das Wichtigste an Reiki für mich ist es, daß ich mich nicht mehr allein fühle. Es ist ein wundervolles Gefühl, wenn ich mich an einen ruhigen Platz zurückziehe und Reiki praktiziere. Da habe ich dann dieses Gefühl, ich würde wie auf Watte schweben oder im warmen Wasser planschen. Ich kann diese Wärme und diese Ruhe, die mich jedes Mal überkommt, nicht in Worte fassen. Aber vielleicht ist es gerade das, was mir geholfen hat, mich so zu verändern.

Das Handauflegen bei anderen fällt mir auch zusehends leichter, ebenso andere zu berühren bzw. mich von anderen berühren zu lassen. Dabei muß man wissen, daß ich mit Körperkontakt besondere Schwierigkeiten hatte. In meinem Elternhaus war und ist es nicht üblich, Zärtlichkeiten auszutauschen. Daraus resultiert meine Neigung, auf Distanz zu gehen. Die damit verbundenen Ängste sind bestimmt noch nicht ganz beseitigt, aber ich bemerke, daß mir Körperkontakt von einem zum anderen Mal leichter fällt. Dabei hat mir eine liebe Freundin sehr geholfen, mit der ich über eine längere Zeitspanne hinweg regelmäßig Reiki-Austausch hielt und immer noch gelegentlich halte. Wir haben uns hierbei abwechselnd behandelt und uns dann über unsere Erfahrungen ausgetauscht. Jede dieser Reiki-Sitzungen war anders.

Dabei habe ich gelernt, daß Nehmen nicht schlimm ist. Ich habe auch die Erfahrung gemacht, daß alles im Lot ist, wenn Geben und Nehmen sich die Waage halten. Ich selbst habe mit dem Nehmen meine Schwierigkeiten und gebe daher lieber als ich nehme, weil ich so niemandem verpflichtet bin. Aber so, wie ich jetzt die Reiki-Kraft kennengelernt habe, bekomme ich das Problem mehr und mehr in den Griff.

Ich bin der Reiki-Kraft sehr dankbar für die Veränderungen in meinem Leben. Für mich ist die Reiki-Kraft gleich Gottes Kraft. Meine Einstellung zum Glauben hat sich seit meiner Reiki-Einweihung verändert; ich weiß, daß Reiki dafür verantwortlich ist.

Reiki ist jetzt ein fester Bestandteil in meinem Leben. Fast jeden Tag lasse ich mit Reiki ausklingen und fast jeden beginne ich vor dem Aufstehen mit einer Viertelstunde (wenn noch genug Zeit ist!). Ich kann mir mein Leben ohne Reiki nicht mehr vorstellen.

Ich bin der Reiki - Kraft sehr dankbar für die Veränderung in meinem Leben

Bericht von Conny

Die Bedeutung von Reiki ist mir erst durch eigene Erfahrungen klar geworden. Für mich heißt dies, mehr Vertrauen zu mir selbst zu gewinnen und mich dem Leben hinzugeben. Durch Reiki haben sich meine Lebensschwerpunkte verlagert. Was früher für mich wichtig war, vor allem Geld und Erfolg, ist jetzt unbedeutend geworden. Karriere im Beruf muß nicht mehr sein. Einen 10-Stunden-Tag finde ich auch nicht mehr toll. Es liegt mir nun mehr daran, meine Erfüllung im Inneren meiner Seele zu finden. Auch wenn ich dadurch nicht mehr »Glanz und Gloria« um mich habe, dafür habe ich ein erfülltes und ausgeglichenes Leben!

Ich habe mehr Sicherheit in mir gefunden, was sich darin spiegelt, daß gewisse existentielle Ängste nicht mehr entscheidend sind. Gewiß bin ich durch Reiki nicht von allen Ängsten und Sorgen befreit, aber die damit empfunden Lasten haben sich verringert. Ich besitze mehr Vertrauen in den Lebensfluß und damit habe ich ganz allgemein eine andere Einstellung dem Leben gegenüber.

Durch Reiki habe ich mehr Sicherheit in meinem Leben gefunden.

Reiki schenkt mir auch die Fähigkeit, Dinge in mir selbst zu entdecken und diese Erkenntnisse mir gegenüber auch zuzulassen, Erkenntnisse, die ich mir früher niemals zugestanden hätte. Ich habe überhaupt an Vertrauen hinzugewonnen, so daß ich nunmehr anderen offener begegnen kann, ohne daß ich das Gefühl haben muß, nicht geliebt und geachtete zu werden. Das, was ich im letzten Sommer durch Reiki geschenkt bekam, ist mir außerordentlich wichtig geworden.

Die für mich wichtigste Reiki-Erfahrung habe ich aber im Austausch mit meiner Freundin gemacht. Das Geben und Nehmen von Reiki bereiten mir unendliche Freude. Wenn ich beim Reiki gebe, bin ich nur mit dem Geben beschäftigt. Und wenn ich beim Reiki nehme, bin ich nur mit dem Nehmen beschäftigt. Mache ich beides gleichzeitig, kann ich weder das eine noch das andere genießen. Es fällt mir grundsätzlich schwer, von jemandem etwas zu empfangen, ohne gleichzeitig daran zu denken, ihm etwas zurückzugeben.

Der 2. Reiki-Grad

»Konnichi«
»Kyo«
Gerade heute!

Die Arbeit mit den Reiki-Symbolen

Wer nach den Einweihungen des 1.Grades mindestens drei Monate Reiki praktiziert hat und wer vor allem wichtige Erfahrungen mit sich selbst gemacht hat, dem steht der 2. Grad offen.

Vor der Anmeldung zum 2. Grad sollte mit dem Meister/der Meisterin ein persönliches Gespräch geführt werden, um eigene Erfahrungen reflektieren zu können. Ich habe während meiner zwischenzeitlich mehr als siebenjährigen Tätigkeit als Reiki-Meisterin immer wieder gespürt, wie wichtig es für den Einzelnen ist, den richtigen Zeitpunkt für den Einstieg zum 2. Grad zu finden. Jeder sollte sich genügend Zeit dafür nehmen, und er sollte diesen Schritt erst dann tun, wenn er in seinem Inneren spürt, daß er dafür bereit ist. Die persönlichen Veränderungen, die seit dem 1. Grad in Gang gekommen sind, sollten eine bestimmte Entwicklung genommen haben, der Reifeprozeß muß einen Punkt erreicht haben, von dem aus eine Weiterentwicklung problemlos möglich ist.

Je mehr ich mich im Geiste ausdehne, desto wichtiger ist es, tief in der Erde verwurzelt zu sein.

Bei richtiger Anwendung erweitern die Symbole Deine Möglichkeiten, die Du mit Reiki hast.

Zu Beginn meiner Tätigkeit als Reiki-Meisterin habe ich einmal einer Frau den 2. Grad bereits vier Wochen, nachdem Sie den 1. Grad absolviert hatte, gegeben. Damals habe ich ihre persönliche Situation nicht klar genug erkannt. Ich hätte ihr raten müssen, sich für den nächsten Schritt noch Zeit zu lassen. Es ist zwar in diesem Zusammenhang nichts besonderes passiert, aber diese Frau hat Reiki bereits nach kurzer Zeit nicht mehr angewendet und das ist nicht die Qualität, die ich vermitteln möchte.

Meine Erfahrungen beweisen, daß nur diejenigen, die sich mindestens drei Monate hindurch täglich Reiki gegeben haben, selbst einschätzen können, ob die Zeit für den nächsten Schritt reif ist. Sie sollten aus einem Gefühl der Ruhe und einer inneren Gelassenheit, sich sicher über ihren nächsten Schritt sein, d. h. wann sie zum 2. Grad weitergehen wollen. Wenn ein Teilnehmer diese Voraussetzungen in das Seminar mitbringt, ist es sowohl für den Meister/die Meisterin als auch für denjenigen selbst eine gute Ausgangsbasis, weitere Schritte mit Reiki zu unternehmen.

So gebe ich also jedem, der Informationen über den 2. Grad haben möchte, folgende Hinweise: Wenn Du Dich in Ruhe auf Deinen 2. Grad vorbereitet hast, erwartet Dich eine umfangreiche Arbeit mit drei speziellen Reiki-Symbolen. Die Symbole selbst sind sehr einfach. Doch die Kraft die dahinter steckt und das, was sie alles bewegen können, ist sehr umfangreich und erweitert Deine Möglichkeiten mit Reiki zu arbeiten um ein Vielfaches. Ein Symbol ermöglicht es Dir auf die Ferne hin mit Reiki zu wirken, das zweite hilft Dir auf Deiner mentalen Ebene und das dritte verstärkt die Reiki-Kraft

Die Symbole werden durch die Einweihung zum 2. Grad mit Dir verbunden und können so jederzeit von Dir aktiviert werden. Die Arbeit mit den Symbolen erfordert einige Übung. Mit der Zeit wirst Du Erfahrungen sammeln, die Dir den tieferen Sinn und die Möglichkeiten der Symbole erschließen. Mit dem 2. Grad übernimmst Du für dich und anderen gegenüber eine Verantwortung, mit Deiner Reikiarbeit zu wachsen. Du wirst auf dieser Stufe neue Erfahrungen machen.

Persönliche Erfahrungen mit dem 2. Grad

Bericht von Heidi

Mein Weg mit Reiki begann 1993 auf Kreta, wo ich meine erste Reiki-Behandlung bekam. Ich war seelisch am Ende und auf dem besten Weg, mich selber langsam zu zerstören. Meine innere Leere quälte mich, ich hatte eine schwere Hepatitis, lebte mit einem drogenabhängigen Mann zusammen und fühlte mich ausgebrannt von meiner Arbeit als Krankenschwester. Schon die erste Reiki-Behandlung hat meine Seele »gestreichelt«. Zum ersten Mal fühlte ich mich leicht und heiter, ich hatte nicht mehr das Gefühl, vom Leben betrogen zu sein.

Nach München zurückgekehrt, folgte ein neuer Schock: Mein Freund hatte, während ich auf Kreta war, seinem Leben ein Ende bereitet. Ich hatte nun Angst, völlig den Boden unter den Füßen zu verlieren. In dieser Situation suchte und fand ich meine Reikilehrerin. Ich erhielt die Einweihung zum 1. Grad und ein Jahr später die zum 2. Grad.

Reiki hat mir in dieser Zeit den Halt gegeben, den ich für mein Leben brauche. Reiki hat mir geholfen, mit meinen Schuld- und Trauergefühlen umgehen zu können, ohne diese verdrängen zu müssen. Mein Leben veränderte sich nun

Schritt für Schritt. Manchmal ging mir alles viel zu schnell. Ich veränderte meine Lebensgewohnheiten. Meine negativen Denk- und Verhaltensmuster wurden mir mehr und mehr bewußt. Durch einen permanenten Reinigungsprozeß, eine immer tiefere werdende Bewußtseinserfahrung und schließlich durch das tägliche Lernen mit Reiki wandelte ich mich zum Positiven hin. Endlich lernte ich, was es heißt, Mut zu haben, was es heißt, etwas zu riskieren, Geduld zu haben, jemandem zu vertrauen, sich selbst zu lieben und zu akzeptieren, sich anderen gegenüber durchzusetzen, ohne diese zu verletzen und vieles andere mehr.

Meine körperliche Gesundheit, meine Vitalität und Lebensfreude steigerten sich immer mehr. Reiki half mir bei meiner Arbeit als Krankenschwester. Besonders im Bereich meiner pflegerischen Tätigkeiten wie Körperpflege, Verbinden von Wunden, Betreuung von alten, schwerkranken und verwirrten Patienten kam mir die Kraft von Reiki sehr zu Hilfe. Reiki verschaffte mir oft den Zugang zu Patienten, stellte tiefere emotionale Beziehungen her und schuf gegenseitiges Vertrauen. Die Patienten fühlten sich von mir akzeptiert und in ihren Bedürfnissen ernst genommen.

Mit Hilfe von Reiki konnte sich in mir eine ungeahnte Kreativität entfalten, die

Meine körperliche Gesundheit, meine Vitalität und Lebensfreude steigerten sich immer mehr.

mir jetzt den Mut gibt, beruflich neue Wege zu gehen. Für mich ist Reiki ein Geschenk des Himmels. Gleichzeitig ist Reiki für mich ein »Handwerkszeug«, das mir und durch mich auch anderen immer und überall zur Verfügung steht. Reiki ist für mich wie ein Freund, wie eine Freundin, die mir Sicherheit und Geborgenheit gibt.

Bericht von Irmentraud

Reiki ist ein elementarer Bestandteil meines Lebens geworden, seit ich im März 1994 den ersten Grad erhalten habe. Hier möchte ich eine ganz spezielle Situation schildern, um zu zeigen, wie grenzenlos Reiki mit dem zweiten Grad erfahren werden kann:

Frau M., eine Nachbarin meiner Mutter im Altenheim, die ich vom Sehen her seit Jahren kannte, war im hohen Alter von fast 90 Jahren am Ende ihres Erdenwegs angekommen. Nachdem ich von meiner Mutter erfahren hatte, daß sie schon seit Tagen vergeblich darum kämpfte, diese Welt zu verlassen, ging mir diese Frau nicht mehr aus dem Sinn. Zuhause angekommen, bat ich meinen Mann, alle äußeren Störungen von mir fernzuhalten. Ich müßte mich zurückziehen, um jemandem Reiki zu schicken.

Ich zündete, als ich allein war, eine Kerze an und begann mit der Fernbehandlung für Frau M. Ich benutze die Symbole des zweiten Reiki-Grades, so wie ich es gelernt hatte, und ich dachte an Frau M., so wie ich sie in Erinnerung hatte. Meine Augen waren geschlossen, doch plötzlich sah ich ein großes Tor, hinter dem eine unendliche Helligkeit spürbar war, die so gewaltig erschien, daß sie aus den Ritzen zwischen den Türflügeln drang. Ich sprach in Gedanken mit Frau M., dann sah ich sie schemenhaft, einem weißen Nebel ähnlich, vor diesem Tor stehen, und mit einem Mal wußte ich, daß sie es hinter dem Tor gut haben würde. Dann wurde es unerträglich hell, so daß ich nichts mehr erkennen konnte. Die Erscheinung war schlagartig verschwunden. Ich war voller Frieden und Glück, und ich fühlte mich auf wunderbare Weise erleichtert. Als ich das Gefühl hatte, ich könnte nichts mehr tun, schloß ich die Behandlung ab und widmete mich wieder anderen Dingen.

Am übernächsten Tag, als ich meine Mutter im Altenheim besuchte, sagte diese, kurz bevor ich ging: » Jetzt hätte ich beinahe vergessen, dir zu sagen, daß Frau M. gestorben ist.« Ich fragte: »Geschah dies von Montag auf Dienstag?« Und sie antwortete: »Ja, woher weißt du denn das, hat man es dir an der Pforte erzählt?« Man hat es mir nicht sagen müssen, ich wußte es.

Reiki ist für mich ein Handwerkszeug, das mir immer und überall zur Verfügung steht.

Bericht von Erika

Im März 1993 wurde ich in den 1. Grad und im Juli 1993 in den 2. Grad eingeweiht. Seitdem gehört Reiki zu meinem Leben. Am Anfang war ich sehr skeptisch, doch gleichzeitig auch sehr neugierig auf das, was Fernreiki bewirken kann. Doch je öfter ich davon Gebrauch machen kann, desto klarer wird mir, daß ich mit Reiki vieles zum Positiven hin verändern kann.

Hier ein Beispiel aus meinem Berufsleben: In der Firma, in der ich angestellt war, gab es des öfteren Betriebsfeiern. Wo immer ich mich bei solchen Festivitäten auch hinsetzte, unser Chef saß bereits kurze Zeit danach neben mir. Jede andere Kollegin hätte sich geschmeichelt gefühlt, doch mich widerte seine herablassende und arrogante Art an.

Bereits seine bloße Anwesenheit verleitete mir jede Unterhaltung, so daß ich schon beschlossen hatte, an keinem Fest mehr teilzunehmen. Als die nächste Feier bevorstand, setzte ich Reiki ein. Als der Tag gekommen war, holte ich vor Beginn der Zusammenkunft eine Kollegin von der Bahn ab, so daß ich etwas verspätet eintraf und nur noch am Tischende Platz nehmen konnte.

Das empfand ich als sehr angenehm, weil ich mich hier vor meinem Chef sicher fühlte. Doch nach etwa fünf Minuten passierte es wieder: Der Chef kam mit seinem Glas an mein Tischende, wo er mein Gegenüber bat, ihm Platz zu machen, da er von hier aus am besten seine Begrüßungsrede halten könnte. War es bloß ein Vorwand? Hatte Reiki doch nichts genützt? Ich trug mich bereits mit Fluchtgedanken, als sich dann doch noch alles zum Guten wendete.

Wer eine Freude an sich bindet zerstört das beflügelte Leben. Der aber, der die Freude küßt, wenn sie an ihm vorbeifliegt, lebt im Sonnenaufgang der Ewigkeit.

William Blake

Am Anfang war ich skeptisch und gleichzeitig neugierig.

Es wurde doch noch ein schöner Abend in angenehmer Atmosphäre bei angeregter Unterhaltung. Zum ersten Mal hielt mein Chef eine Ansprache, in der er Dank und Anerkennung für seine Mitarbeiter zum Ausdruck brachte, was allgemein mit Staunen zur Kenntnis genommen wurde.

Es war das letzte Fest, bei dem ich meinem Chef gegenüber saß. Reiki hat mir eine nähere Begegnung mit diesem Menschen zwar nicht erspart, es hat aber mein Verhältnis zu ihm schlagartig verändert. Solche und ähnliche Erfahrungen mache ich immer wieder.

Der 3. Reiki-Grad

Wer Liebe
ernten will,
muß Liebe
pflanzen.

Der Weg zur eigenen Meisterschaft

Vor der Ausbildung zum 3. Grad solltest Di Dir einige wichtige Fragen stellen: Was ist Deine Motivation, Meister werden zu wollen? Wie ist Deine Verbindung zu dem Meister, der Dir den 1. und 2. Grad gegeben hat? Welche Wünsche und Erwartungen sind mit der Einweihung zum 3. Grad verbunden? Wie zufrieden bist Du mit Deiner derzeitigen Situation?

Mit dem 3. Grad wirst Du zwar Reiki-Meister, aber das ist nur ein Titel. Wirklich Meister wirst du erst später. Du bist es noch nicht gleich mit der Einweihung zum 3. Grad. Du hast Dich nur dafür entschieden, Dich auf den Weg zur wahren Meisterschaft zu machen!

Die Herausforderungen für den eigenen Wachstumsprozeß werden stärker. Die verdrängten Schattenseiten der eigenen Persönlichkeit werden deutlicher. Manchmal ist es wirklich harte Arbeit, auch wenn Du schnell vorwärts gehst, hast Du keine Garantie, daß Du Dein Ziel schneller erreichst. Auch hier gilt der Sinnspruch: »Gut Ding will Weile haben!«

Die Auseinandersetzung mit bestimmten Ausprägungen Deiner Persönlichkeit und mit den daraus resultierenden Verhaltensweisen, die Dein Leben hemmen und einschränken, geschieht bewußter. Unsere Kontrollbedürfnisse und unser Streben nach Sicherheit im Leben oder, je nach Tendenz, die Flucht vor bestimmten Auseinandersetzungen werden klarer. Aber auch das immer tiefere Vertrauen in das Leben, in das Eingebundensein in die allumfassende Liebe und Weisheit des Lebens, wächst beständig.

Es braucht Zeit für dieses Wachsen. Dabei kann die Natur uns als Vorbild dienen. Mit ihren immer wiederkehrenden Zyklen von Frühling, Sommer, Herbst und Winter lehrt sie uns den Sinn des Lebens. Sie zeigt uns, daß die Erde als Teil des Kosmos ihren eigenen, lebendigen Rhythmus hat, dem der Rhythmus des Menschen ähnelt: Geburt, Wachstum, Reife und Tod. So wie die Erde seit Millionen von Jahren durch ihren Kreislauf um die Sonne immer wieder neues Leben ermöglicht, so entsteht auch in jedem Menschen immer wieder aufs neue seelisches und schöpferisches Leben. Deshalb ist es heilsam, den eigenen Rhythmus zu finden. Auch wenn er nicht immer gelebt werden kann, ist es gut, immer wieder zu ihm zurückzukehren. Dabei können wir immer wieder innehalten.

Ich selbst habe bisher zwei Reiki-Meisterinnen ausgebildet. Wir sind auf unserem gemeinsamen Weg gewachsen, haben zusammen Hürden gemeistert und sind in der Kraft von Liebe und Vertrauen freier und tiefer in der Verbindung miteinander geworden. Durch diese Erfahrungen habe ich gelernt, wie wichtig es ist, sich Zeit zu lassen auf dem Weg zur eigenen Meisterschaft. Daran halte ich mich.

Der 3. Grad ist ein gemeinsamer Weg, den Du mit Deinem Reiki-Meister gehst, weil Du ihn Dir als Lehrer ausgesucht hast und er Dich als Meisterkandidaten angenommen hat. Nach einer Zeit des gemeinsamen Lernens legen beide in gemeinsamer Übereinstimmung den Zeitpunkt für die Meistereinweihung fest. Danach erfährst Du die Form der Einweihung in das »Usui-System der natürlichen Heilung«, genannt »Reiki«. Du lernst die Einzelheiten, die Du für Deinen späteren Unterricht zum 1. und 2. Reiki-Grad wissen mußt. Nach der Einweihung zum 3. Grad hast Du die Möglichkeit in Deine Meisterschaft hineinzuwachsen und das, was Du weitergeben kannst, mit anderen zu teilen. Deine Schüler werden für Dich Spiegel sein, sie werden Dich herausfordern und sie werden gleichzeitig auch für Dich Lehrer sein. So werdet ihr gemeinsam lernen und wachsen. Die Verbindung zu Deinem Meister bleibt bestehen.

Nach dem 3. Grad, hast Du die Möglichkeit, in Deine eigene Meisterschaft hineinzuwachsen.

Persönliche Erfahrungen

Sigrid Brosat
Mein Weg mit Reiki

Es war im August 1990, als eine Freundin mir vorschlug, meinen Rücken mit einer kurz zuvor erlernten Heilmethode zu behandeln.

1958 erkrankte ich im Alter von 18 Jahren während meiner Ausbildung zur Krankenschwester mit anTuberkulose im LWS-Bereich. Da die Erkrankung nicht erkannt wurde, blieb sie zunächst unbehandelt. Ich schaffte 1961 gerade noch das Examen, bevor ein perforiertes Senkungsabszeß endgültig den Beweis erbrachte, daß ich krank war.

Drei schwere Operationen mit mehrjährigen Krankenhausaufenthalten in verschiedenen Sanatorien waren die Folge. Die Ausheilung der Tbc und die Stabilisierung der Wirbelsäule nach einer Spanverpflanzung war laut medizinischem Befund 1966 abgeschlossen.

Doch was geblieben war, und das nicht weniger als 24 Jahre, nämlich bis zum August 1990, waren permanente, häufig unerträgliche Schmerzen im gesamten Wirbelsäulen-Bereich, in dem Bereich also, der durch die wiederholten Operationen am meisten gelitten hatte. 24 Jahre habe ich im Monat zwischen 50

Nach einer Phase der inneren Auflehnung gegen die Schmerzen, kapitulierte ich.

und 90 Dolviran-Tabletten geschluckt, nur um die Schmerzen einigermaßen zu betäuben, damit ich meinen täglichen Verpflichtungen nachkommen konnte. Für die Mediziner grenzte es an ein Wunder, daß mein Körper diese Menge an Gift akzeptiert hat. Dennoch bestand die gesamte ärztliche Betreuung in dieser Zeit fast auschließlich in der Verschreibung des oben genannten Medikamentes.

Nach einer Phase der inneren Auflehnung gegen die Schmerzen mit all den damit verbundenen körperlichen Einschränkungen kapitulierte ich: Die Schmerzen wurden zu einem Bestandteil von mir, sie wurden Teil meiner Existenz.

In befand mich noch in dieser verzweifelten Situation, als mich im August 1990 meine Freundin ansprach: »Ich habe etwas gelernt, das nennt sich Reiki. Selbst bei chronischen Prozessen soll damit die Möglichkeit der Heilung gegeben sein!« Sie versicherte mir, Nachteile würde es nicht geben, was mir damals jedoch gleichgültig war, da es mir kaum noch schlechter gehen konnte.

Ich willigte in dieses Experiment mit Reiki ein und nahm mir vor, sobald ich Zeit haben würde, es mir leisten zu können, die Medikamente wegzulassen oder wenigstens stark zu reduzieren, die Wirksamkeit dieser, mir bis dahin völlig unbekannten Heilmethode zu überprüfen. Es erfolgte dann die erste Ganzbehandlung: Wenn ich nicht in all den Jahren gelernt hätte, Schmerzen auszuhalten, ich glaube, ich hätte nach der ersten Behandlung nie mehr eine zweite zugelassen. Die Positionen der Vorderseite habe ich noch als angenehm, wohltuend und entspannend erlebt. Die Behandlung der Rückseite jedoch überstieg fast die Grenze des für mich Erträglichen. Es waren Empfindungen, als ob jemand mit einem glühenden Eisen in der Wirbelsäule herumstochern würde. Sobald die Hände nicht mehr im Rückenbereich auflagen, ließ das starke Schmerzgefühl nach. Unmittelbar nach Beendigung der Behandlung wickelte ich mich in zwei Wolldecken, dennoch fror ich so sehr, daß meine Zähne aufeinanderschlugen.

Heute weiß ich um die Zusammenhänge von Energie und chronischen Schmerzblockaden. Wie schmerzhaft das Auflösen von Blockaden sein kann, das durfte ich an mir selbst erfahren. Mit jeder weiteren Behandlung jedoch nahm die Intensität der Reaktion ab. Durch das Auflösen von immer mehr Blockaden verringerten sich die starken, stechenden Schmerzen während der Rückenbehandlung. Das kaum Mögliche geschah: Nach der vierten oder fünften Behandlung waren meine Rückenschmerzen so gering, daß ich auf die Einnahme von Schmerzmitteln verzichten konnte! Es gibt also doch eine Kraft, die es vermag, einen 24 Jahre andauernden Schmerzmechanismus aufzulösen!

Noch unter dem starken Eindruck eines nicht für möglich gehaltenen Heilerfolgs erwarb ich 1990 den 1. Reiki-Grad und im Jahr 1991 den 2. Grad. Seit 1993 bin ich Reiki-Meisterin. Mit und durch das Erlernen dieser Heilmethode ist Reiki zu einem festen Bestandteil meines Lebens geworden.

Reiki-Behandlungen haben mir bewußt gemacht, wie wichtig ich selbst bin. Durch sie habe ich erst richtig erkannt und gespürt, daß ich überhaupt existiere. Die heilende Kraft von Reiki hat mich nicht nur physisch geheilt. Reiki hat in einem sanften, liebevollen Prozeß, mit einem Tempo, das mein Körper auf einer unbewußten Ebene selbst bestimmen durfte, einen Wachstums- und Bewußtwerdungsprozeß eingeleitet und diese Veränderungen immer mehr zu einem Teil meiner Persönlichkeit werden lassen.

Meine Erfahrungen kommen durch meine beinahe täglichen Behandlungen den Mitgliedern einer Schwesternschaft zugute. Nicht immer gibt es wie bei mir spontane Heilerfolge. Reiki erzwingt nichts! Jeder darf in seinem eigenen Rhythmus seinen ganzheitlichen Heilungsprozeß durchlaufen. Immer wieder erlebe

Heute weiß ich um die Zusammenhänge von Energie und chronischen Schmerzblockaden.

63

ich Krankheiten als Körperreaktionen auf Chaos, Schmerz und Leid, die mit ihren Wurzeln manchmal bis in die früheste Kindheit zurückreichen. Den Weg zurück, bis hin zu diesen Ursachen, können wir liebevoll mit Reiki gehen. Persönliches Wachstum, körperliche Heilung, eines bedingt das andere, sind die Folge!

Mein Weg mit Reiki ist noch nicht beendet. Wann immer ich mir selbst Reiki gebe, und wo immer ich über Reiki rede oder andere behandele, wird es mir eine Hilfe sein, bei meinem eigenen persönlichen Wachstumsprozeß, wird es auch mich ganzheitlich heil werden lassen.

Gwendolyn Mitchell
Gwendolyns Reiki-Tanz

Es war im Herbst 1987. Ich saß während der Mittagspause am Schreibtisch und schaltete eine beliebte Sendung im Radio ein. In dieser Sendung trat Thalia Kafatou auf (sie sollte bald meine Lehrerin werden), die über Reiki sprach und die Hörerfragen beantwortete. Der Ton ihrer Stimme und die Art, wie sie sprach, kamen mir sehr vertraut vor. Das, was sie sagte, gefiel mir so sehr, daß ich beschloß, zu ihr zu gehen, um noch mehr über Reiki aus berufenem Mund zu erfahren.

Sie hatte eine Gruppe von Interessenten eingeladen. Zu diesem Treffen kam ich etwas zu spät. Die Stühle standen im Halbkreis, und alle Leute hatten die Augen geschlossen. Thalia ging zu jedem Einzelnen hin, um ihm eine Reiki-Behandlung zu geben. Bevor sie zu meinem Platz kam, berührten sich unsere Energiefelder: Ich sah mit geschlossenen Augen schöne, helle, strahlende Farben. Ich fühlte mich aufgewühlt und ruhig zugleich. Ich wußte nicht genau, was Reiki ist, aber in diesem Moment spürte ich, daß es etwas für mich ist.

Im Januar 1988 bekam ich Reiki. In dem Workshop für den ersten Grad, den ich besuchte, hatte ich das Gefühl, daß man mir mein Leben zurückgegeben hatte, um das daraus zu machen, was ich wollte. Vor diesem Zeitpunkt lebte ich in Furcht und Besorgnis. Dieses neue Gefühl war mir geheimnisvoll. Ich sah genauso aus wie vorher. Das einzig andere war, daß meine Hände warm wurden, als ich Leute berührte, und daß ich viel weinte. Es gab all diese Tränen und ein Gefühl inneren Friedens.

Zwei Wochen später fuhr ich zu Thalia, um Reiki auszutauschen. Es war dunkel und regnete in Strömen. Sie wohnte in einer mir nicht vertrauten Gegend. Ich war sonst nur bei Tageslicht dahingefahren. Zu meiner großen Überraschung überkam mich dennoch keine Panik. Da wußte ich, daß sich in mir wirklich etwas verändert hatte.

Persönliches Wachstum und körperliche Heilung, das eine bedingt das andere.

Ich nahm an einem Reikikurs teil, der in der Nähe meiner Wohnung stattfand. Die Mitglieder tauschten in einem Zeitraum von eineinhalb Jahren jeden Freitagabend Reiki aus. Ich hatte 6 Monate lang konsequent geübt, als ein asiatischer Mann an meiner Tür erschien und nach dem Weg fragte. Aus der Ferne hatte er eine Ähnlichkeit mit Dr. Hayashi. Ich spürte Freude in meinem Herzen, als ich zur Tür rannte. Kurz danach machte ich den zweiten Grad.

Ich wußte sofort, daß ich Reiki-Meisterin werden wollte, aber ich hielt es nicht für möglich, diese Stufe erreichen zu können. Ich bot mich an, eine Reiki-Klasse zu organisieren. Damit verband ich die Hoffnung, daß meine Lehrerin Gefallen an mir finden und mir im Laufe der Zeit alle notwendigen Kenntnisse vermitteln würde. Doch die Organisation klappte nicht, allerdings resultierte daraus mein erster großer Lernprozeß mit meiner einweihenden Meisterin. Obwohl ich es zu dieser Zeit nicht wußte, hatte unser gemeinsamer Heilungsprozeß schon angefangen.

Zu dieser Zeit glaubte ich, daß ich die benötigte Summe von 10.000 Dollar nicht würde aufbringen können. Also sagte ich zu Thalia, ich wollte zwar Reiki-Meisterin werden, müßte mich jedoch nach jemandem anderen umschauen, der mir Reiki für weniger Geld beibringen würde. Sie antwortete: »Ich kann dir, wenn du willst, die Nummer von jemandem geben, der dich für 500 Dollar einweiht. Ich schlage vor, daß du ihn oder sie darum bittest, dir Reiki zu geben. Laß die Energie dein Führer sein.« Mit diesem Rat begab ich mich auf den Weg, meinen Lehrer für den Meister-Unterricht zu suchen. Ein Jahr später, nach vielen Behandlungen, führte mich diese Reise allerdings doch zu meiner ersten Lehrerin zurück. Auf diesem Weg hatte ich die Verbindung von Selbstaufgabe und Selbstbeherrschung gelernt.

Am 15. Januar 1990 wurde ich als Reiki-Meisterin eingeweiht. Diese einfache Zeremonie fand in Grat Falls im US-Bundestaat Maryland statt. Sie markierte den Anfang einer tiefen Heilung in meinem Leben. Ich war seit 15 Jahren verheiratet, doch die Ehe war seit mindestens vier Jahren eigentlich beendet. Ich blieb zwar bei meinem Mann, weil ich Angst hatte, die Verantwortung für mein Leben selbst übernehmen zu müssen. Ich glaubte, daß zwei Leute mit eigenem Einkommen besser über die Runden kommen als nur mit einem Gehalt. Und ich hatte Angst, alleine alt zu werden. Es waren all diese Bedenken, die mich ausharren ließen, die mich allerdings in meiner persönlichen Entwicklung hemmten und die eine Ver-

Meine Einweihung als Reiki - Meisterin markierte den Anfang einer tiefen Heilung in meinem Leben.

änderung meiner Persönlichkeit nicht zuließen.

Im Frühjahr 1990 nahm ich an meinem ersten Treffen der Reiki-Meister teil. Es war der Kongreß des Reiki-Verbandes in Vlieland in den Niederlanden. Ich freute mich so von Herzen, in Verbundenheit mit den anderen sein zu dürfen, daß ich tagelang weinen mußte, so glücklich war ich. Jeden Abend ging ich allein am Meeresstrand spazieren, und wieder mußte ich weinen. Nachts redete ich mir meine Verzweiflung, Einsamkeit und Hilflosigkeit von der Seele. Ich rief die Planeten und Sterne am nächtlichen Himmel an, und ich bat inständig Gott, er möge mir helfen oder mich zu sich nehmen.

Am 15. Mai 1990 willigten mein Mann und ich in die Scheidung ein. Mit aller Macht mußte ich meine Ängste unter Kontrolle halten. Was mich aber am meisten überraschte, war, daß mir die Trennung selbst leicht fiel. Es geschah alles ohne Kampf und ohne Bitterkeit. Wir wurden uns in allen Punkten einig. Es gab keinen Streit über Geld oder Besitz. Als er sich verabschiedete, umarmten wir uns fest und sprachen von unserer Liebe. Es war klar, daß keiner von beiden Schuld hatte. Wir waren einfach am Ende unseres gemeinsamen Weges angekommen und nicht mehr den alten Rollen verhaftet. Heute sind wir gute Freunde.

Während dieses Übergangs von einem Abschnitt meines Lebens zum nächsten wurde ich total von der Reiki-Energie unterstützt.

Während dieses Übergangs von einem Abschnitt meines Lebens zum nächsten wurde ich total von der Reiki-Energie unterstützt.

Damals wußte ich noch nicht, was ich heute weiß: Es war der erste Schritt in einem beschleunigten Lernprozeß, innerhalb dessen alte Wunden geheilt wurden. In den darauffolgenden drei Monaten schien es, als würde ich den Zeitraum von drei Jahren durchleben, so rasend schnell ging alles. Ein Thema jagte das andere und ein Problem löste das nächste ab. All das, was mir bis dahin so wichtig erschienen war, sah ich jetzt mit anderen Augen: Anerkennung von anderen, Geld, Macht, Sexualität, Partnerschaft, Glauben und Religion. Nun ging es mir um etwas ganz anderes, es ging darum, meine eigene Mitte, meine Stimme und meinen eigenen Weg zu finden. Der Kern all dieser Themen war die Integrität, die mein Inneres, meine Gedanken und mein Leben ins Gleichgewicht bringen sollte.

Jeder Tag ist ein neuer Abschnitt innerhalb eines langen Lernprozesses. Das alles zeigt mir, inwiefern meine Überzeugungen mich und meine Erfahrungen einschränken. Ich habe schon bei vielen die unterschiedlichsten Beschwerden mit Reiki behandelt und mir dabei keine Gedanken über den Ausgang gemacht. Das Ergebnis hat mich einfach kalt gelassen. Doch dann gab es wieder Fälle, bei denen mir der Erfolg oder Mißerfolg nicht gleichgültig waren. Ein solcher Fall ist der eines jungen Aids-Kranken, der viele Behandlungen und eine Einweihung bekam, und der fast drei Jahre lang symptomfrei lebte. Ich konnte ihn als Beispiel anführen, wie Reiki funktioniert bzw. eher dafür, wie ich mit Reiki arbeite. Doch dann starb er plötzlich, und mein glänzendes Beispiel war nicht mehr existent. Zu meinem eigenen Entsetzen stellte ich fest, daß dieser Umstand mir mehr Kummer bereitete als der Verlust dieses Menschen.

Gerade vor ein paar Wochen wurde ein junger Mann, den ich einmal behandelt und über die Möglichkeit einer Wunderheilung beraten hatte, als HIV-negativ eingestuft, obwohl er nachweislich fünf Jahre lang HIV-positiv gewesen war. Auch diese Nachricht erschreckte mich zutiefst, so daß ich es nicht fertigbrachte, jemandem davon zu erzählen. Könnte es sein, so fragte ich mich, daß ich nicht an Wunder glauben kann? Dennoch hatte ich doch so überzeugend gesprochen und gewirkt! Auf diese Weise lerne ich durch Reiki etwas von mir selbst, ich erfahre mich selbst, ich erfahre etwas von meinen Grenzen und meinen Ängsten.

Reiki hat mir gezeigt, daß ich, wenn ich Dinge in meinem Leben ändern will, zuerst meine Gedanken und dann mein Bewußtsein ändern muß. Nicht die Situationen ändern sich, sondern meine Beziehung zu den Situationen ändert sich.

Das Thema Aufrichtigkeit kommt bei mir in vielen Formen vor. Was bedeutet das, aufrichtig und ehrlich zu sein? Wie kann man es beispielsweise auf das Thema Geld beziehen? Diese belehrende

»Yasu«
»Kyu«
Ruhe aus!
Nimm Dir Zeit!

Erfahrung machte ich gleich nach der Einweihung für den ersten Grad. Ich wollte kein Geld für Reiki-Behandlungen verlangen, weil ich der altmodischen Überzeugung war, daß eine Heilung kostenlos sein sollte. Im Seminar zum ersten Grad hatte ich gelernt, daß nicht die Heilung bezahlt wird, sondern die Zeit. Mir wurde auch gesagt, daß, wenn ich Probleme

67

hätte, Geld für meine Zeit zu verlangen, dann könnte es mit dem Thema Selbstwertgefühl zusammenhängen. Ich fing also an, eine freiwillige Spende oder »Liebesgabe« zu verlangen, soviel wie der Patient eben gerade geben wollte. Der erste Patient gab 5 Dollar, der zweite nur 2 Dollar. Beide Patienten hätten sich auch sehr viel mehr leisten können. Diese milden Gaben machten mich wütend, weil ich das Gefühl hatte, daß diese Leute weder meine Zeit noch meine Behandlung schätzten. Es zeigte mir auch, daß ich nicht die Wahrheit sagte. Ich wollte gerecht bezahlt werden, aber ich wollte, daß ein anderer meinen Wert festlegt, anstatt ihn für mich selbst zu beanspruchen. Das war keine Aufrichtigkeit. Es war eine gute Lehre, es leitete meinen Lernprozeß bezüglich Geld und Selbstwertgefühl ein.

Geld ist nur ein Bereich, bei dem das Thema Aufrichtigkeit aufgetaucht ist.

Immer wieder auf dem Weg habe ich etwas Neues über mich gelernt. Heute kann ich den Wert meines Einsatzes in den verschiedensten Situationen einschätzen. Nicht in allen Fällen ist eine finanzielle »Belohnung« erforderlich, jedoch in den Fällen, wo es nötig ist, werde ich sehr gut bezahlt. Das war für mich eine starke persönliche Heilung.

Geld ist nur ein Bereich, bei dem das Thema Aufrichtigkeit aufgetaucht ist. Und wie die meisten, habe ich mich immer für ehrlich gehalten. Was bedeutet das, dir selbst und dem Partner gegenüber integer zu sein? Bedeutet das, daß ich mich auf die Intimität mit einer Person beschränke? Wenn das nicht die Wahrheit ist, die der Augenblick verlangt, ist es aufrichtig, wenn ich durch meine gesprochene Verpflichtung gebunden bleibe? Oder zeugt es von größerer Integrität, dem Moment trotzdem offen und ehrlich zu begegnen?

Wie kann man aufrichtig zu sich selbst und gleichzeitig zu anderen sein? Dies ist nur eine von vielen Fragen, die immer wieder an die Oberfläche gekommen sind, während ich mich mit allem Elan am Leben beteilige. Ich freue mich, sagen zu können, daß ich keine Antworten habe, sondern daß ich nur ständig bereit bin, mir Fragen zu stellen.

Was hülfe es dem Menschen, wenn er die ganze Welt gewönne und nehme doch Schaden an seiner Seele?

Jesus

Viele Jahre hindurch betrachtete ich mich als Friedensstifter. Ich war gut im Schließen von Kompromissen und im diplomatischen Herumreden. Ein Grund dafür war mein Scheu vor Konflikten und unharmonischen Situationen. In der Rolle des Friedensstifters war es schwierig, zu wissen bzw. sich dessen bewußt zu sein, was ich wirklich empfand oder benötigte. Ich konnte für beide Seiten Partei ergreifen, wenn ich es für notwendig hielt. So mußte ich mich des öfteren fragen: Wer bin ich eigentlich?

Wahre Liebe ist nicht ein Gefühl,
das uns überwältigt.
Es ist eine bindende, durchdachte
Entscheidung.

M. Scott Peck

Was glaube ich? Seit ich Reiki habe, reicht in Konfliktsituationen weder eine oberflächliche Betrachtung geschweige denn eine oberflächliche Behandlung. Die Energie geht viel tiefer und enthüllt meine echten Gefühle. Ich finde es leichter und viel klarer, einfach meine Wahrheit sagen zu können, ohne das Bedürfnis zu verspüren, die Gefühle der anderen berücksichtigen zu müssen. Reiki hat mir geholfen, meinen Wesenskern zu verstehen. Diese Erfahrung mit Reiki ist für mich sehr reichhaltig. Der Tanz mit Reiki ermöglicht es mir, mein Leben sehr bewußt zu leben.

Elfie Schlumberger
Mein Weg mit Reiki

Als ich im Frühjahr 1983 nach Abschluß meiner Lehrerausbildung mit der Zusage vertröstet wurde, ich könnte mit einer Anstellung innerhalb der nächsten neun Jahre rechnen, wußte ich, daß ich mich beruflich ganz neu orientieren mußte. Dafür wollte ich mir aber auch Zeit lassen.

Ich war also in alle Richtungen hin und vor allem für etwas Neues offen. Kurz darauf erzählte mir eine Freundin so begeistert von Reiki, daß ich neugierig wurde und mich sogleich für den nächsten Reiki-Kurs anmeldete. Zusammen mit zwei Freunden fuhr ich im Sommer 1983 nach Frankfurt. Brigitte Müller, damals noch die einzige Reiki-Meisterin in Deutschland, hielt dieses Seminar gemeinsam mit Phyllis Lei Furumoto ab, die erstmals nach Deutschland gekommen war. Ich war beeindruckt, wie direkt und einfach Phyllis in ihrer Art war, gar nicht so »heilig«, wie ich mir eine Großmeisterin vorgestellt hatte.

Gleich nach der ersten Einführung war ich innerlich so aufgewühlt, daß ich in der Nacht kaum schlafen konnte. Am nächsten Abend, nachdem ich alle Handpositionen kennengelernt hatte, bot ich einem Bekannten, bei dem ich in dieser Zeit in Frankfurt wohnte, eine Reikisit-

Ein tiefes Gefühl von »Angekommensein« erfüllte mich.

zung an. Ein tiefes Gefühl von »Angekommensein« erfüllte mich: Seit vielen Jahren hatte ich Meditation praktiziert, jetzt konnte ich die Liebe, die ich bisher immer nur für mich allein in der Meditation erfahren hatte, mit anderen teilen und an andere weitergeben!

Ich nahm mir viel Zeit für Reiki. Täglich gab ich mindestens eine Reikisitzung, manchmal waren es sogar zwei oder drei. In meinem Freundeskreis kamen wir oft zusammen und tauschten Reiki aus. Es war ein Abenteuer für mich, zu sehen, wie sich diese Sitzungen auswirken konnten, wie manchmal durch nur eine Stunde Reiki Rückenschmerzen verschwanden, Atemwege plötzlich wieder frei wurden, Ärger mit meinem Freund sich auflöste und intensive Begegnungen stattfanden.

Was mache ich da eigentlich, wenn ich jemandem Reiki gebe?

Im Herbst hatte ich eine längere Reise nach Spanien und zu den Kanarischen Inseln geplant. Vorher wollte ich noch unbedingt den zweiten Grad erlangen, um auch Fernreiki geben zu können, denn ich hatte nun mal Feuer gefangen. Dieses Seminar fand nur sieben Wochen nachdem ich den ersten Grad erlangt hatte, statt. Die Folgen haben mich dementsprechend aufgewühlt, so daß ich heute jedem nur empfehlen kann, lieber etwas länger zu warten.

Ich weiß nicht, wie alles zusammenhing, ob es an der Einweihung oder am spanischen Ambiente oder an mir selbst lag, die Auswirkungen der Reikibehandlungen waren jedenfalls so intensiv, daß mir Angst und Bange wurde vor meiner »Macht«, etwas zu bewirken, ohne daß ich es steuern oder kontrollieren konnte. Die Leute, die ich behandelte, wurden zum Teil sehr tief in eigene Prozesse geführt und mit sich selbst und der eigenen Dunkelheit konfrontiert. Ich stand manchmal hilflos vor meinem Wirken, mußte mich dann auch mit meinen eigenen Themen auseinandersetzen und erfuhr, daß Liebe zu geben auch schmerzvoll sein kann. Ich merkte, daß ich nicht nur lieb und nett zu sein hatte, wenn ich jemandem helfen wollte. Ich wußte, daß es manchmal notwendig ist, jemanden genau an der Stelle zu breühren, wo seine Schmerzen und Ängste liegen.

Damals fühlte ich mich diesen Aufgaben nicht gewachsen, wollte am liebsten alles vergessen, mich in der Sierra Nevada in Südspanien verkriechen und bodenständig und einfach leben. Aber als wir dort in einem kleinen Bergdorf, wo wir wohnten, einmal bei einer Zigeunerin einen Korb kaufen wollten, sah sie mich an und erzählte mir, ihr Sohn wäre verhext worden. Er wäre seither impotent, und sie wüßte nun, daß ich ihrem Sohn helfen könnte. Natürlich dachte ich in meiner Naivität gleich an Reiki. Aber dann bekam ich Zweifel, ich wollte mich doch nicht mit einer Hexe anlegen, den Sohn einer Zigeunerin wegen Impotenz behandeln! In solch eine Situation wollte ich mich auf keinen Fall einlassen!

Und überhaupt, was mache ich eigentlich, wenn ich jemandem Reiki gebe? Was geschieht da, wenn ich jemandem die Hände auflege? Was fließt da durch mich? Habe ich überhaupt das Recht, so etwas zu tun? Vielleicht sollte ich mich doch besser an Dinge halten, die man anfassen, riechen und sehen kann? Töpfern und Gärtnern ist doch viel praktischer!

Nach Deutschland zurückgekehrt, suchte ich dann Halt und Sicherheit in mir selbst, und ich begann, Aikido zu praktizieren, eine aus Japan stammende Kraftsportart. Ich machte eine Ausbildung in »Postural Integration«, einer tiefen Bindegewebsmassage, die auch emotionale Seiten der Körperarbeit miteinbezieht.

In dieser Zeit hatte ich ein Gespräch mit Dina Rees, einer weisen Frau, die dafür bekannt ist, daß sie in der Akasha-Chronik lesen und dadurch in die Vergangenheit und Zukunft sehen kann. Ich fragte sie nach Reiki und sie gab mir eine einfache Erklärung: Reiki sei schon bei den Ägyptern bekannt gewesen. Reiki sei nicht einfach Licht. Durch Reiki werde das, was ist, ans Licht gebracht. Das könn-

ten manchmal Krankheiten sein oder aber auch die Schattenseiten des Menschen. Reiki beschleunige die Entwicklung, für mich sei Reiki genau das Richtige.

Im Frühjahr 1986 bot dann Phyllis ein intensives Selbsterfahrungsseminar an, das unter anderem auch eine Voraussetzung für den Erwerb des Meistergrades

»Ze«
Sei Du selbst!

war. Ich wollte diese Gelegenheit nutzen, meine Zweifel vor ihr auszubreiten. Ich ging also mit dem Vorsatz zu ihr, alles ganz genau wissen und verstehen zu wollen.

Diese Woche mit Phyllis hat mein Leben verändert. In der ersten Nacht hatte ich einen Traum: Ich wurde gefragt, was Reiki eigentlich in meinem Leben bewirkt hat. Anstatt einer Antwort machte ich einen riesigen Luftsprung, weil ich erkannt hatte, daß mit Reiki eine wichtige Entwicklung in mir in Gang gekommen war. Ich verstand, daß die Reiki-Meisterschaft von mir vor allem verlangte, wirklich und wahrhaftig ich selbst zu sein. Ich hatte mich zu verpflichten, meinem Wachstum nicht im Wege zu stehen. Nun gut, genau das wollte ich, ich wollte Reiki-Meisterin werden. Und Phyllis konnte ich gut als Lehrerin akzeptieren, weil ich sie sehr schätze. Es tat mir auch gut, daß sie eine Frau ist.

Ich hatte mich zu verpflichten, meinem Wachstum nicht im Wege zu stehen.

Am letzten Tag des Seminars teilte Phyllis mir mit, daß sie mich als Meisterschülerin annehmen würde. Wenn ich meinerseits bereit wäre, sollte ich zu ihr nach New Mexico kommen, dann würde sie mich ausbilden und einweihen. Ich war angenommen, und ich war glücklich.

Als ich an diesem Abend nach Hause kam, fragte mich mein Partner, ob ich ihn heiraten wollte. Da war es wieder, dieses Gefühl des Angenommenseins und des Glücks. Für mich war es auch ein Zeichen, daß meine Berufung zur Reiki-Meisterin und meine Partnerschaft im Einklang waren.

Wir machten also unsere Hochzeitsreise in die USA, und wir verbrachten den ganzen Sommer dort. Am 29. September

1986 sollte meine Einweihung stattfinden. Phyllis überließ mir die Wahl des Ortes: in ihrem Reikizimmer, in einer indianischen Kiwa oder in freier Natur. Ich wählte den Himmel als Dach, denn ich empfand eine starke Verbindung zu diesem Land und liebte das Gefühl der Offenheit und der Freiheit. In der Nacht vor der Einweihung träumte ich: Ich finde den Eingang in eine Höhle, diese ist voller Licht und ein Rudel Wölfe liegt da, einer sagt zu mir: »Endlich kommst du.« Ich hatte das Gefühl, diese bevorstehende Einweihung ist ein Nachhausekommen.

Als Phyllis und ich dann am nächsten Tag zu den weißen Felsen des Apuje-Canyons fuhren, begleiteten uns einige Freunde. Während der Zeremonie zog ein Gewitter auf, es blitzte und donnerte und die Krähen flogen geräuschvoll über unsere Köpfe hinweg. Kaum war die Einweihung beendet, fing es an zu regnen, und die vorher aufgebauten Spannungen wurden wieder aufgelöst. Der Segen von Mutter Erde!

Welch eine magische Zeit war das für mich. Gleichzeitig war alles ganz »normal«, und das Leben ging weiter. Ich wurde schwanger und ich begann Reiki in unserem Zentrum zu lehren.

Inzwischen habe ich zwei Kinder und bin geschieden. Doch in all den guten und in den schwierigen Zeiten ist Reiki ein untrennbarer Teil von mir geworden. Ich lehre Reiki nun seit fast zehn Jahren und ich liebe diese Aufgabe noch immer. Wenn ich eine Sitzung gebe oder ein Seminar leite, tauche ich ein in diese Kraft, die mich mit allem verbindet. Es ist meine Herausforderung, Reiki, die universale Lebensenergie, nicht nur in Hochzeiten, sondern gerade auch in schwierigen Sitautionen und im grauen Alltag zu leben und zu praktizieren.

Und ich fühle mich damit auch nicht allein, denn ich habe in der Reikigemeinschaft rund um die Welt »mein Rudel« gefunden.

Jürgen Kindler
Elf Jahre Reiki und (k)ein bißchen weise

Als ich das erste Mal von Reiki hörte, war ich gerade 22 Jahre alt geworden. Nach meinem Abitur hatte ich mich als Berater für Computerfragen selbständig gemacht. Eine persönliche Krise war dann das auslösende Moment für meinen Wunsch, mich selbst besser kennenzulernen. In den darauffolgenden Jahren besuchte ich aus diesem Grund viele Selbsterfahrungsseminare, später auch Kurse, die Erfahrungen mit Heilenergie vermittelten.

Als ich an einem solchen Fortbildungswochenende Leute traf, die Reiki praktizierten, entschloß ich mich sofort, einen solchen Kurs zu besuchen. Ich meldete mich für eine Veranstaltung in Hannover an, nahm an einem Wochenende daran teil und kam begeistert nach Hause zurück. Ich gab mir und anderen Reiki-Behandlungen und lernte schon drei Monate später den zweiten Grad.

Kurz danach hörte ich, daß die Großmeisterin Phyllis Lei Furumoto in Frankfurt Station machen würde, um Reiki-Meister auszubilden. Ich interessierte mich sehr dafür und versprach mir auch viel davon. Ich überlegte sogar als Reiki-Meister meinen Lebensunterhalt zu verdienen. Ich hatte in der Zwischenzeit neue Seiten an mir kennengelernt bzw. ich hatte meine »andere Seite« wiederentdeckt: das weiche Fließen, das Wissen um unsichtbare Energien, das Erfassen des Unscharfen, die Fähigkeit, auch mal etwas aushalten zu können. Ich begann, meinen Job in der Computerwelt mehr und mehr als Fessel zu sehen.

Ich besuchte diesen Vorbereitungskurs für angehende Reiki-Meister Anfang 1986. Es war eine schwierige Woche für mich, weil Phyllis zu diesem Zeitpunkt nicht bereit war, mich einzuweihen. Das war nicht sehr schön für mich, weil ich mich persönlich zurückgewiesen fühlte. Dennoch schloß ich Freundschaft mit ihr, und in den Jahren danach setzte ich alles

Ich hatte meine »andere Seite« wieder entdeckt: Das weiche Fließen, das Wissen um unsichtbare Energie.

daran, mit Phyllis einmal »zu frühstücken«, d.h. ihr einmal »einfach so« zu begegnen. Dazu reiste ich mehrfach nach Amerika. Immer wieder landete ich in irgendwelchen Selbsterfahrungskursen, die damals obligatorisch waren, wenn man Reiki-Meister werden wollte. Diese Kurse gefielen mir mit der Zeit immer weniger.

Ein Jahr später nahm mein Weg dann doch eine unerwartete Wendung: Ich hatte mich entschlossen, nicht mehr Reiki-Meister zu werden. Ich wollte mich ganz auf meine Karriere als Unternehmensberater konzentrieren. Außerdem glaubte ich auch, daß ich nur eines mit ganzem Herzen tun konnte, entweder Reiki oder meine Tätigkeit im Bereich der Computer. So stand ich also auf einmal vor einem Scheideweg: Auf der einen Seite war mein Intellekt (das Programmieren) und auf der anderen Seite gab es das Fließen von Reiki. Zwar gab ich hier und da mal Reiki-Behandlungen, aber immer weniger und weniger. Reiki stahl sich langsam aus meinem Leben. Mit Phyllis traf ich mich zwar ab und zu, wenn sie zufällig mal in Frankfurt war, aber Reiki, nein, Reiki-Meister wollte ich nicht mehr werden!

Es kamen nun Jahre, in denen ich mich fast ausschließlich in der Computerwelt bewegte und mich nur noch gedank-

Reiki stahl sich langsam aus meinem Leben.

lich mit dementsprechenden Problemen auseinadersetzte. Ich traf meine »alten« Freunde aus der Esoterik nicht mehr, aber ich verdiente immerhin gutes Geld! Als Steinbock ist mir das wichtig.

Im Jahre 1989 tauchte ich dann wieder auf. Ich gab mir wieder mehr Zeit, über mein Leben nachzudenken. Ganz von allein und über Monate hinweg reifte in mir der Wunsch, mich nun doch auf Reiki mehr einzulassen und Reiki-Meister zu werden.

Es schien, als hätten alle darauf gewartet. Ein Anruf bei Phyllis und der Zeitpunkt der Einweihung war nur noch eine reine Terminsache. So wurde ich am 17. Dezember 1989 zum Reiki-Meister eingeweiht.

In der folgenden Zeit gab ich dann immer mehr Reiki-Kurse. Endlich! Mein Traum war in Erfüllung gegangen. Ich programmierte nur noch wenig als Computer-Berater und kam mehr und mehr ins Fließen. Nach einem vierwöchigen Marathon von Reiki-Kursen und vielen Behandlungen merkte ich, daß mir nun etwas fehlte: Ich war buchstäblich weggeflossen und ich sehnte mich wieder nach etwas »Greifbarem«. Ich wollte meine Computer wiederhaben!

Es kam, wie es kommen mußte: In den folgenden Jahren fühlte ich mich zwischen den beiden Polen hin- und hergerissen, einerseits zwischen dem Computerbereich, der mein Denken repräsentierte, und Reiki andererseits, das mein Fühlen und Fließen darstellte. Ich pendelte zwischen beiden Extremen hin und her. Es hat über fünf Jahre gebraucht, bis ich mich mit Hilfe von Reiki »eingependelt« hatte. Und ich habe einige Zeit gebraucht, bis ich sehen konnte, daß beides zu mir gehört.

Ich habe oft gedacht, ich müßte mich für das eine oder das andere entscheiden. Mit den Jahren und all den Erfahrungen habe ich jedoch begriffen, daß beides zusammen möglich ist. Ich habe gelernt, meinen Kopf zusammen mit dem Herzen zu gebrauchen, und das ist, zurückblickend gesehen, das größte Geschenk, das mir Reiki gemacht hat.

Als ich dann wieder mehr und mehr in der Balance war, konnte sich mein Berufsleben wandeln. Es wandelte sich zu dem eines Reiki-Meisters und »Verlegers in Reiki-Angelegenheiten«. Dieser Beruf gibt mir die Möglichkeit, meine Talente miteinander zu verbinden. Reiki hat mir mit Sanftheit und Nachdruck beigebracht, alle Teile für wertvoll zu halten und sie dort einzusetzen, wo sie jeweils gebraucht werden.

Hätte mir jemand vor 11 Jahren gesagt, was mit mir passieren würde, hätte ich das nicht für möglich gehalten.

Reiki hat sich für mich weit über ein einfaches »Handauflegen« hinausentwickelt. Es ist zu meinem Lebensweg geworden, ein Lebensweg, der sehr leise ist. Ich mußte keine großen Änderungen in meinem Leben vornehmen. Ich war nur aufgerufen, dem Fluß des Lebens zuzuhören. Ich habe gelernt, still zu sein, zu vertrauen und nicht alles verstehen zu müssen.

Als Reiki-Meister erlebe ich in jedem Kurs Wunder, etwas Unerklärbares. Dadurch vergesse ich nie, daß das Leben eigentlich ein großes Rätsel ist. Immer wenn ich denke, jetzt habe ich es gelöst, biegt um die Ecke wieder ein Ereignis, daß mein Gedankengebäude einstürzen läßt und mich auffordert, flexibel und offen zu bleiben.

Reiki heilt, das ist keine Frage, es heilt aber nicht nur den Körper. Eigentlich heilt es den ganzen Menschen, der ja mehr ist als nur ein Körper. Reiki heilt auch, wenn es lange genug angewendet wird, das Leben, den Lebensweg, vergessene Konflikte, die Beziehung zu Eltern und Partnern. Ich bin diesen Weg nun ein paar Jahre gegangen und doch fühle ich mich erst am Anfang. Dennoch kann ich jetzt bereits erkennen, daß der Weg zu mehr Gleichmut, Einssein und Glück führt. Und das ist das Ziel, zumindest meines Lebensweges!

Ich vergesse nie, daß das Leben eigentlich ein großes Rätsel ist.

Die Reiki Lebensregeln

Um angemessen ausgedrückt zu werden, muß eine Sache von innen vorgehen, gemäß ihrer Form: sie muß nicht von außen nach innen, sondern von innen nach außen kommen.
Meister Eckart

Lies diese fünf Sätze und achte darauf, wie Deine Empfindungen und Reaktionen sind.

Die Reiki-Lebensregeln hat Dr. Usui selbst auf Grund seiner Erfahrungen mit Reiki entwickelt. Sie sind lange Zeit, genauso wie die Reiki-Geschichte, nur mündlich überliefert worden. Heute sind sie in alle Sprachen, in denen Reiki unterrichtet wird, übersetzt.

Lies diese fünf Sätze einfach und achte darauf, wie Deine Empfindungen und Reaktionen sind. Wenn Du Widerstände verspürst, lohnt es sich, darüber nachzudenken. Es kann Dich auf ein ungeklärtes Problem in Deinem Leben hinweisen. In meinen Kursen, nehme ich mir etwa eine Stunde Zeit, um die Lebensregeln in der Gruppe zu besprechen. Es ist jedes Mal überraschend und interessant, welche Ideen, Überlegungen und Anregungen die einzelnen Teilnehmer zum Ausdruck bringen.

Auf diese Weise kommt ein reger Austausch über verschiedene Themen- und Problemkreise des Lebens zustande, der sich für alle Beteiligten immer wieder als fruchtbar erweist. Manche Teilnehmer formen die Regeln um, weil sie sie dann besser akzeptieren können, also beispielsweise »Gerade heute sorge dich« oder »Gerade heute vertraue«. Manche fügen der Regel einen Halbsatz an wie zum Beispiel »Ehre Deine Lehrer, Eltern und die Älteren – und Dich selbst!«

Der spielerische Umgang mit Usuis Regeln weckt unsere Kreativität und ermöglicht es uns, persönliche Erfahrungen machen zu können. Dadurch öffnen wir uns für das, was sie uns mitteilen sollen, ohne daß wir uns einer schulmeisterlichen Strenge unterordnen müsen. Das Essentielle der Reiki-Lebensregeln hilft uns, die einfache Wahrheit auf unser kompliziertes Leben zu übertragen.

Reiki Lebensregeln

Gerade heute sei nicht ärgerlich.

Gerade heute sorge dich nicht.

Ehre deine Lehrer, Eltern und die Älteren.

Verdiene dein Leben ehrlich.

Sei dankbar gegenüber allem was lebt.

Dr. Mikao Usui.

© Fokke Brink
Reiki-Heal-Mobile.

Das Essentielle der Reiki-Lebensregeln hilft uns, die einfache Wahrheit auf unser kompliziertes Leben zu übertragen.

Kommunikation und Gemeinschaft

Von Ton Driessen

Jeder ist ein Ganzes, jeder ist das Glied einer Kette.

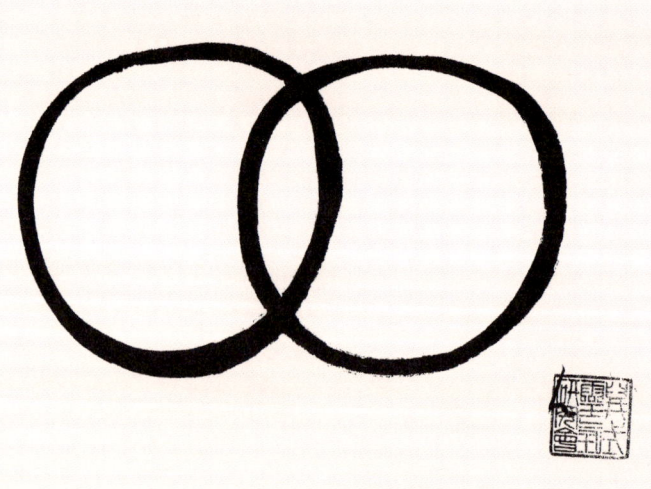

Es gab Zeiten, da wurde die Meinung vertreten, die menschliche Kommunikation würde hauptsächlich über die verbale Schiene laufen. Heute wissen wir es besser. Forschungen haben bewiesen, daß nur 15 bis 20 Prozent unserer Interaktionen über die Sprache laufen. Wir alle haben schon von der Körpersprache gehört, die uns manchmal genau verrät, was unser Gegenüber in Wirklichkeit denkt, obwohl er mit seinen mündlichen Äußerungen das gerade Gegenteil behauptet.

Nach meinen Einweihungen und meinen Erfahrungen mit Reiki verstand ich, daß der größte Teil unserer Kommunikation aus unserem energetischen Ausdruck besteht. Wenn jemand »Ich liebe dich!« sagt und das nicht mit dem entsprechenden Nachdruck tut, wird der oder die Angesprochene diese Aussage nicht ernst nehmen, es sei denn, er bzw. sie will dies gerade in diesem Moment glauben. Dann liegt allerdings auf beiden Seiten eine Täuschung vor. Unehrlichkeit kann sich überall einschleichen.

Häufig scheuen wir davor zurück, über unser Leid und unsere Sorgen mit anderen zu sprechen, weil wir nicht als schwach angesehen werden wollen. Weinen und Schreien ist gesellschaftlich verpönt. Die Energie dieser Gefühle ist trotzdem da, und wenn wir dann etwas sagen, kann es sein, daß das Gesprochene nicht mit dem übereinstimmt, was andere in uns spüren. Dann weichen wir den wachsamen Augen derer aus, die in der Lage sind, diese Energien sehr wohl zu erkennen. Natürlich haben wir auch gute Gründe für ein solches Verhalten. Wir sind oft verletzt worden, wie einzelne Lebensgeschichten beweisen. Was aber viele von uns nicht wissen, wie gut es uns tun würde, eine Gemeinschaft zu haben, in der wir uns öffnen und mitteilen, in der wir aber auch wirklich den anderen zuhören können.

Gemeinschaft beginnt in jedem Einzelnen, weil Meinschen soziale Wesen sind. Sie sind gerne mit anderen zusammen und sie brauchen das Wir-Gefühl der Gruppe, um wachsen, lernen, lieben und sich selbst kennenlernen zu können.

In unserer westlichen Klutur spielt das Konkurrenzdenken eine wesentliche Rolle. Dies zeigt sich in der Erziehung, beim Sport und in der Politik. Das Ergebnis ist eine hierarchische Struktur, in der nur die Stärksten und Einflußreichen Gewinner sind. Solch eine Gemeinschaft kann kaum für alle eine Stütze sein. Wir alle haben Fähigkeiten und Talente, und wir alle können einander etwas geben.

Es liegt an unserem Bewußtsein oder vielmehr an dem Mangel daran, ob wir schließlich an einem Platz landen, wo uns Anerkennung und Liebe entgegengebracht wird. Wir brauchen eine innere Erfahrung der Dimension, die wirklich entscheidend für unser Leben ist. Das können Liebe, Freunde, Arbeit, Status, Geld usw. sein. Für mich ist durch Reiki klar geworden, was mir wirklich wichtig ist. Diese Kraft hat mich 1984 berührt, und für einige Zeit wußte ich nicht, was mit mir geschah. Es war der Wendepunkt

Gemeinschaft beginnt in jedem Einzelnen, weil Menschen soziale Wesen sind.

79

zu einem besseren Leben. Es war eine ganz neue Art, mit Menschen zusammen zu sein. Zu Anfang fiel es mir schwer, mich so tief berühren zu lassen.

Später war mir dann immer klar, von wem ich gerne eine Reiki-Behandlung bekommen wollte und von wem nicht. Ich wurde mir dessen bewußt, was ich in der Vergangenheit vermißt hatte: Die kraftvolle Berührung durch liebende Menschen.

Nach meiner Erfahrung braucht Bewußtheit viele Jahre der praktischen Offenheit für Feedback und der Bereitschaft für Veränderungen.

Reiki kann auch in dem Sinn mißbraucht werden, daß manche es nur praktizieren, um sich Anerkennung und Wertschätzung zu verschaffen. Sie werden damit aber nicht automatisch zu liebevollen Menschen, nur weil sie Reiki haben. Nach meiner Erfahrung braucht Bewußtheit viele Jahre der praktizierten Offenheit für Feedback und der Bereitschaft zur Veränderung. Erst dann hilft es uns, in die Gemeinschaft hineinzuwachsen, von der wir ein Teil sein wollen. Wenn wir uns darüber klar werden, was für unser Wohlbefinden wirklich wichtig ist, müssen wir auch die Verantwortung für uns tragen, indem wir unsere Beobachtungen und Gefühle in der Gemeinschaft mitteilen. Für viele ist es nicht leicht, das zu tun. Häufig hört man die Ausrede, daß man nicht die Gefühle anderer verletzen wolle. Aber das ist nur die eine Seite der Medaille. In Wahrheit

wollen wir unter allen Umständen vermeiden, selbst verletzt zu werden.

Tatsache ist, daß wir uns zu wenig in dem Bestreben unterstützen, ehrlich miteinander zu sein. Den Jüngeren unter uns sagen wir nicht die Wahrheit, weil sie es noch nicht verstehen können. Den Älteren sagen wir nicht die Wahrheit, weil sie es nicht mehr verstehen wollen. Unseren Kollegen sagen wir nicht die Wahrheit, weil wir mit ihnen zusammenarbeiten und daher Rücksicht nehmen müssen. Unseren Geliebten sagen wir nicht die Wahrheit, weil wir sie nicht verlieren wollen.

In der Regel vertraue ich jemandem, der mir offen sagt, was er über mich denkt und fühlt. Vielleicht schmeckt einem das nicht immer, aber es liegt zumeist ein Körnchen Wahrheit darin. Wer bereit ist, dies anzuerkennen, kann daraus einen persönlichen Gewinn ziehen. Bei solchen Äußerungen, die nur gemacht werden, um sich irgendwelchen Ärger von der Seele zu reden, ist es nicht einfach, herauszufiltern, welches Feedback wirklich echt und unterstützend ist. Es kann sein, daß beides gleichzeitig geschieht: Es kann weh tun und uns ärgern oder es kann unsere Bereitschaft, offen zu bleiben, strapazieren. Ich will damit nicht sagen, daß wir uns nicht ärgern sollen, denn Ärger ist ein ehrliches Gefühl. Es sollte uns jedoch nicht davon abhalten zuzuhören. Vielleicht sind wir ärgerlich, weil der andere den Nagel auf den Kopf getroffen hat, vielleicht sind wir aber nur irritiert, weil der andere uns mißverstanden hat.

Es braucht Mut, zuzugeben, daß der andere durch seine Aussage der Wahrheit nahe gekommen ist. Und es braucht Mut, das zuzugeben und das auszusprechen, was wir gerade fühlen. Wenn wir in unseren Bemühungen, andere zu erreichen, oft enttäuscht wurden, verschließen wir uns. Wenn wir jedoch in ausreichendem Maße Mut und Geduld investieren, so kann das Raum schaffen für offene und ehrliche Begegnungen.

Offenheit ist entscheidend, wenn wir zu einer Gemeinschaft gehören wollen. Wenn wir mit einem hohem Maß an Sensibilität und Einfühlungsvermögen unser Mitgefühl ausdrücken, kann der Kommunikationsfluß wieder in Gang kommen. Es ist eine Herausforderung, dieses empfindliche Gleichgewicht aufrecht zu erhalten.

Wir alle urteilen und beurteilen. Sobald wir jemandem zum ersten Mal begegnen oder mit einer neuen Situation konfrontiert werden, bilden wir uns Urteile, viellicht auch sogar Vorurteile. Es ist schwer, dies zu verhindern. Doch wir sollten uns nicht selbst verurteilen, nur weil wir uns ein subjektives Urteil gebildet

haben. Entscheidend ist, was wir damit tun. Ich bin davon überzeugt, daß wir sie alle in uns tragen und sie gegenüber anderen nur nicht aussprechen. Ich stehe zu meinem Urteil, bemühe mich allerdings, mit anderen darüber zu sprechen. Ich betrachte ein Urteil als einen Eindruck, eine Beobachtung, in der ich Aspekte von persönlichen Projektionen sehen kann. Wenn wir uns darüber im klaren sind, daß wir projizieren, können wir auch einsehen, daß wir uns manchmal irren. Dann sind wir in der Lage, wirklich mit anderen zu kommunizieren.

Wenn wir den 1. Reiki-Grad haben, können wir nicht automatisch annehmen, daß wir alle in derselben Form praktizieren. Meister oder Schüler fügen immer eine persönliche Note hinzu. Das ist in Ordnung, solange das Essentielle gewahrt bleibt. Wenn jedoch die Form stark verändert wird, geht etwas Wertvolles verloren. Jede Einzelheit des »Usui-Systems der natürlichen Heilung« hat ihre wesentliche, mystische Bedeutung; es lohnt sich, das zu bewahren.

Aus verschiedenen Gründen kommt es vor, daß die Form der Behandlung oder der Einweihung verändert wird, und dennoch wird es auch Reiki genannt. Wenn in Japan jemand innerhalb einer Tradition eine Veränderung einführen möchte, indem er Teile wegläßt oder hinzufügt, wird

Wir alle urteilen und beurteilen, sobald wir jemandem zum ersten Mal begegnen oder mit einer neuen Situation konfrontiert werden.

das durch eine andere Bezeichnung deutlich gemacht. Weil das im Westen nicht immer so ist, ist manchmal und mancherorts Konfusion entstanden. Das führt dann dazu, daß man immer wieder auf Reiki-Meister trifft, die einen diffusen Background aufweisen, jedenfalls ihre Reiki-Herkunft nicht auf Phyllis Lei Furumoto oder Hawayo Takata zurückführen können. Hier ist Vorsicht geboten! Da die Form, Reiki zu lehren, hauptsächlich auf mündlicher Tradition beruht, kann es vorkommen, daß etwas auf diesem Weg verloren geht. Aus diesem Grund ist es mir wichtig, Phyllis Lei Furumoto und Paul Mitchell in ihren Bemühungen für mehr Klarheit über das »Usui-System der natürlichen Heilung« zu unterstützen. In ihren Workshops, die für alle Reiki-Meister zugänglich sind, präsentieren und repräsentieren sie das Usui-System auf der ganzen Welt.

Reiki hat die erfreuliche Eigenschaft, Bewußtheit bei jenen zu fördern, die regelmäßig damit arbeiten. Wenn wir die fünf Lebensregeln verbindlich leben und wenn wir ein Bewußtsein über unsere Kommunikationsmöglichkeiten entwickeln, sind wir in der Lage, in unserer Gemeinschaft achtsam, offen und bewußt miteinander umzugehen. Wir können dann neue Formen des Zusammenseins entwickeln. Dadurch schaffen wir einen klaren und sicheren Raum und können so in Liebe zu anderen und zu uns selbst leben.

Persönliche Erkenntnisse

Der Weg zu allem Großen geht durch die Stille.

Meine Lebens-geschichte

Es war im Juni 1983, als ich nicht nur sprichwörtlich die Nase voll hatte. Ich befand mich seit geraumer Zeit in einer Krisensituation, aus der ich nicht mehr herausfand. Bei mehreren Ärzten und Heilpraktikern war ich in Behandlung. Die Diagnose lautete übereinstimmend immer wieder Heuschnupfen. Auf medizini-sches Anraten hin hatte ich mir die Nebenhöhlen durchstechen und einen Backenzahn ziehen lassen. Ich hatte unzählige Medikamente ausprobiert, doch Linderung geschweige denn Heilung fand ich nicht. Weshalb ich auch im Winter alle Symptome eines Heuschnupfens aufwies, konnten sich die Ärzte auch nicht erklären. Ich war der Verzweiflung nahe: In der Nacht konnte ich weder sitzen noch liegen, weil meine ständig verstopfte Nase mir das Atmen ungemein erschwerte. Morgens war ich dann wie gerädert und empfand jede größere Tätigkeit als Anstrengung. Es war der Punkt gekommen, wo mir klar wurde, daß ich oder sich etwas in meinem Leben ändern mußte. Zuerst stellte ich die Sinnfrage nach meiner Arbeit als Sozialpädagogin, dann begann ich meine ganze Lebensweise zu hinterfragen.

Durch Reiki drang ich bis zu meinen unterdrückten Gefühlen vor.

Setz dich auf meine Flügelspitzen. Ich singe dir einen Morgen ohne Ende und atme dich ins tausendknöspige Licht.

A. Christena -Ayasse

Eines Tages kam ich mit einer befreundeten Kollegin ins Gespräch, die sich u. a. mit Yoga und vegetarischer Vollwerternährung beschäftigte. Sie wußte schon seit einiger Zeit von meinen Schwierigkeiten und lud mich ein, ein Wochenendkurs mit ihr zu besuchen. Sie meinte, vielleicht könnte mir das, was dort geschieht weiterhelfen. So kam ich zu meinen 1. Reiki-Grad.

Die Erfahrungen, die ich an diesem Wochenende machte, berührten mich tief. Meine Sehnsucht nach Liebe und Angenommen-Werden erfüllte sich. Tief im Inneren spürte ich: Ich werde geliebt. Ich hatte etwas entdeckt, das mir die Kraft und Möglichkeit gab, mir selbst helfen zu können. Dadurch, daß ich mir selbst die Hände auflegte und Reiki gab, erfuhr mein Innerstes Liebe und Halt, so wie ich es immer in meinem Leben gesucht hatte. Dadurch veränderte sich mein Leben langsam, jedoch von Grund auf!

Durch Reiki entwickelte ich ein Gespür, was für mich gut war. Ich hatte als Kind massive Gewichtsprobleme, ich war einfach zu dick und unbeweglich. Ich aß gern und viel, und ich war nicht sehr wählerisch dabei. Mit 12 Jahren wog ich sage und schreibe 70 Kilo! Nach der Pubertät verlor ich zwar erheblich an Gewicht, aber Essen war für mich immer wieder eine Ersatzbefriedigung für mangelnde emotionale Zuwendung. Mit Hilfe von Reiki hatte ich nun erstmals den Mut und die Kraft, mich selbst und meine Bedürfnisse genauer und ehrlicher anzuschauen. Ich lernte anders mit mir umzugehen und mich differenzierter zu erfassen. Dabei erkannte ich immer deutlicher, welche Umstände dafür verantwortlich waren, die mich immer wieder zum Kühlschrank zogen oder in das nächste Süßwarengeschäft führten. Ich begann, die ersten Impulse meiner emotionalen Bedürfnisse schneller wahrzunehmen und verordnete mir dann strikt Reiki. Das tat mir gut. Nun hatte ich also eine Möglichkeit, mir selbst Zuwendung und Liebe zu geben. Das machte mich freier und unabhängiger. Ich wurde offener und mutiger, so daß ich auch auf Freunde zugehen und sie einfach umarmen konnte, wenn mir danach war. Ich lernte meine Schwächen anzunehmen und mit mir selbst liebevoller umzugehen. So relativierten sich ganz automatisch die Anforderungen, die ich an mich selbst stellte. Ich lernte mit mir selbst verständnisvoller umzugehen, etwas, was ich mit anderen schon immer gut konnte. Jetzt merkte ich, wie sehr ich es selbst brauchte.

Im Januar 1985 erhielt ich den 2. Reiki-Grad. Mein Interesse für die Dinge hinter den Dingen wuchs beständig. Im Herst 1986 beschloß ich mich endgültig, mein Leben grundlegend zu verändern. Wenige Monate später kündigte ich meine Stelle, auf der ich 13 Jahre lang gearbeitet hatte. Ich löste meinen Hausstand auf und zog in eine Wohngemeinschaft nach München. Zuerst wollte ich nur Ruhe haben, um mir Zeit und Raum zu geben, mich innerlich neu zu ordnen und zu orientieren. Da ich noch kein klares Ziel hatte, stellte ich mich auch immer wieder bei offenen Stellen als Sozialpädagogin vor. Angebote gab es genug. Doch ich hatte das Interesse an meinem alten Beruf ver-

loren. Ich wollte tiefer eintauchen, ich wollte die Tiefen meiner Seele erkunden.

So kam es, schließlich mußte ich ja von etwas leben, daß ich meine bisherigen Erfahrungen aus der Sozialpädagogik, mit Reiki, autogenem Training und Edelsteintherapie zu einem Kurssystem verknüpfte, das ich zur Nutzung für andere anbot. Und es klappte! Ich war selbständig, und ich hatte Erfolg!

Sehr bald kristallisierte sich allerdings heraus, daß Reiki der Mittelpunkt meines Lebens geworden war. Reiki hat mir so sehr geholfen und mich so viel gelehrt, daß ich nur den einen Wunsch hatte, damit weiterwachsen zu können. Die Ein-

> In der Liebe versinken und verlieren sich alle Widersprüche des Lebens. Nur in der Liebe sind Einheit und Zweiheit nicht in Widerstreit
>
> *Tagore*

Die Weisheit und Klarheit die mir Reiki zeigt, wollte ich in meinem Leben nicht mehr missen.

fachheit und Liebe von Reiki begeisterten mich. Die Weisheit und Klarheit, die mir Reiki zeigte, wollte ich in meinem Leben nicht mehr missen. Diese Wende hatte ich also meiner allergischen Erkrankung zu verdanken. Sie ist seitdem nur noch selten mein Begleiter, und sie zeigt sich immer nur dann, wenn ich sie als »Wegweiser«

brauche. Sie erinnert mich manchmal daran, aufmerksamer und wachsamer zu sein gegenüber dem, was gerade in mir und um mich herum passiert. Sie erinnert mich an das, was ich brauche, um wieder die Balance in meinem Leben zu gewinnen.

Durch die Verbindungen meiner selbständigen Arbeit war ich alsbald in der Szene bekannt. Ich kam mit Menschen in Kontakt, die mir weiterhalfen. Mein Wunsch, Reiki-Meisterin zu werden, wurde immer stärker. Nach einem Reiki-

Es wurde für mich sehr deutlich, was es heißt, Reiki, eine ganzheitliche Heilmethode, zu praktizieren und zu unterrichten.

> Ich habe drei Schätze, die ich hüte und hege.
> Der eine ist die Liebe,
> der zweite ist die Genügsamkeit,
> der dritte ist die Demut.
> Nur der Liebende ist mutig,
> nur der Genügsame ist großzügig,
> nur der Demütige ist fähig
> zu herrschen
>
> *Laotse*

Intensiv-Seminar im Sommer 1988 in der Schweiz, das von Ton Driessen und Joe Gundy geleitet wurde, hatte ich endlich auch meinen Meister gefunden, von dem ich mir wünschte, ausgebildet und einge-

weiht zu werden: Es war Ton Driessen, den ich gewählt hatte und der bereit war, mich als Meisterkandidatin anzunehmen, um den nächsten Schritt in meinem Leben zu gehen.

Von der ersten Begegnung an hatte ich Vertrauen zu ihm. Ich fuhr von München nach Amsterdam und zurück, machte neue Erfahrungen und lernte ungeheuer viel. Ende Dezember war es dann soweit: Phyllis Lei Furumoto hielt sich in der Nähe von München auf, um mit Ihren Meisterkandidaten zu arbeiten und deren Einweihung vorzubereiten. Ton, der von Phyllis als Meister ausgebildet und eingeweiht ist, hatte mit ihr vereinbart, mit mir dazuzukommen. So kam ich mit meiner Meistereinweihung intensiver in Kontakt mit einigen anderen Menschen, die sich auch für den Weg der Heilung mit Reiki entschieden hatten. Diese gemeinsame Woche war ein wunderbares Erlebnis und eine reiche Erfahrung für mich. Sie gaben mir ein neues Zuhause und meinem Leben einen neuen Anfang.

Meine selbständige Arbeit entwickelte sich nun immer klarer und war immer verbunden mit meiner persönlichen Entwicklung. Es gab keine Trennung mehr. Es wurde für mich sehr deutlich, was es heißt, Reiki, diese ganzheitliche Methode, zu praktizieren und zu unterrichten. Die Herausforderungen, in der Ganzheit zu

Wer in der Dunkelstunde seines Mitmenschen auch nur eine Kerze entzündet hat, hat nicht umsonst gelebt.

wachsen, sind seitdem noch deutlicher und intensiver geworden. Es ist mir nicht mehr möglich, mir selbst etwas vorzumachen oder Unbequemes zu umgehen. Mit vielen Dingen gehe ich heute auf andere Weise um.

Achtsamkeit und Geduld mit mir, meinen Mitmenschen und der Umwelt, helfen mir immer wieder in Balance zu kommen. Ich habe gelernt, meine Gefüh-le mehr zu respektieren, zu beachten und lebendig werden zu lassen. Ich habe es zu meiner Aufgabe gemacht, dafür zu sorgen, daß sie immer wieder ins Gleichgewicht mit meinem Denken und Handeln kommen. Die vielen Puzzleteile meines Lebens werden mir immer mehr bewußt, und so kann ich ihre Vielfalt jeden Tag neu begrüßen und in Freude dankbar annehmen.

Reiki und die Verbindung zum inneren Kind

Viele Erwachsene haben die Verbindung zu ihrem Kind-Sein verloren. Vielleicht erzählen sie einige Geschichten von damals und wie das so früher war, aber das sind oberflächliche Erinnerungen ohne emotionale Verbindung und Relevanz. Erst, wenn wir uns in das Gefühlsleben von damals hineinversetzen, erwacht das »innere Kind« in uns aufs neue. Wenn wir nicht nur an die schönen Erinnerungen denken, die wir auch mit unserer Kindheit verbinden, sondern wenn wir uns auch die Stunden voller kindlicher Verzweiflung vergegenwärtigen, schaffen wir einen Zugang zu der Gefühlswelt, die uns in frühen Tagen entscheidend geprägt hat. Viele erinnern sich dann an Gefühle des Alleingelassen-Werdens, des Nicht-Verstanden-Werdens, des Zu-Unrecht-Bestraft-Werdens.

Eltern bemühen sich in der Regel, ihr Bestes für ihre Kinder zu geben. Da sie jedoch auch ein Stück unbewältigter Vergangenheit in sich tragen, geben sie häufig genau das weiter, das sie selbst geprägt hat. Jeder Erwachsene trägt diese Erinnerungen wie Brandmale in sich. Sie bestimmen sein Verhalten in seinen Beziehungen zu anderen und auch zu sich selbst. Erfahrungen, die wir als Kinder gemacht haben, prägen unsere Verhaltensmuster. Diese Muster sind auf verschiedenen Ebenen quasi gespeichert und kommen durch Automatismen und unbewußte Verhaltensweisen zum Vorschein.

Manche davon sind gut für uns, manche jedoch nicht. Diejenigen, die uns immer wieder die gleichen Schwierigkeiten bereiten, sind es wert, daß wir ihnen besondere Aufmerksamkeit schenken.

Mit Reiki und der bewußten Verbindung zum »inneren Kind« besteht die Möglichkeit, diese alten Prägungen aufzuarbeiten und so zu erneuern, daß wir mehr Zufriedenheit und mehr Lebendigkeit ins uns spüren.

> Das Innere zeigt sich immer im Äußeren.
> *Chinesisches Sprichwort*

Reiki hilft uns bei diesem Vorgehen enorm, denn Reiki ist Liebe, die uns auf diesem Weg stärkt und Halt gibt. Reiki ist Licht, das uns zur Klarheit und somit zu mehr Bewußtsein führt. Schicht für Schicht hilft Reiki, uns selbst zu erneuern und unser Leben lebenswerter werden zu lassen.

Wenn wir die Verbindung zu unserem »inneren Kind« einmal hergestellt haben, werden wir neue und ungeahnte Erfahrungen machen.

Die sanfte Liebe, die wir spüren, wenn wir uns Reiki geben oder eine Reiki-Behandlung erhalten, bestärkt uns darin, unsere Gefühle zu akzeptieren.

Das Vertrauen in uns und unsere Gefühlserlebnisse läßt uns authentischer werden. Das »innere Kind« ist der Teil in uns, der um all die Verletzungen weiß, die wir erlitten haben. Mit unserem Verstand haben wir gelernt, dem Rationalen Vorrang einzuräumen, kappen aber auf diese Weise die Verbindung zu unseren frühkindlichen Erinnerungen und Emotionen.

Es ist mühsam, sich auf den Weg zu seinem »inneren Kind« zu machen, mit ihm wieder Kontakt aufzunehmen und diesen auch aufrecht zu erhalten. Dies erfordert Zeit, Liebe und sehr viel Geduld. Das »innere Kind« drückt sich auf verschiedene Weise aus: Manche haben ein ausgeprägtes Bedürfnis nach Sicherheit. Andere genau das Gegenteil und sind auf der Suche nach Freiheit. Wieder andere möchten für ihre Mitmenschen immer stark und mächtig erscheinen. Andere brauchen immer einen vollen Kühlschrank, damit sie sich geborgen und sicher fühlen. Einige lehnen aber gerade dies ab und boykottieren alles, was so gemeinhin zu materiellem Wohlstand gehört.

Wenn wir die Verbindung zu unserem »inneren Kind« erst einmal hergestellt

haben, auf diesen Teil unseres Wesens besonders achten und sensibel für dessen Bedürfnisse werden, werden wir auch neu und ungeahnte Erfahrungen machen. Wir werden seinen rebellischen Teil genauso kennenlernen wie seinen angepaßten, ängstlichen Teil. Die Vielseitigkeit unserer Emotionen werden uns dadurch deutlicher. Wir lernen uns selbst stärker zu akzeptiern, wie wir sind und wir kön-

Nur wer selber ruhig bleibt,
kann zur Ruhrstätte all
dessen werden,
was Ruhe sucht.

Laotse

nen anfangen, uns selbst verständnisvoll und mit Mitgefühl bewußt zu »erziehen«.

Durch Reiki erfährt unser »inneres Kind« Heilung und Liebe, es erfährt, daß es so geliebt wird, wie es ist. Da wir jederzeit die Möglichkeit haben, uns selbst Reiki zu geben, können wir ständig für »unser Kind« sorgen, ihm Liebe und Geborgenheit schenken, damit es wachsen und seinen Weg gehen kann. Durch die Heilung des »inneren Kindes« geben wir uns selbst die Chance, unser Leben in Freiheit, Achtung und Liebe zu uns und zu anderen führen zu können.

Der größte Teil dieses Prozesses lag im Unbewußten. Reiki half mir, ihn ans Licht zu holen.

89

Reiki und Allergien

Als ich etwa 33 Jahre alt war, wurde bei mir eine Katzenallergie diagnostiziert. Meine Schleimhäute waren dick angeschwollen, meine Augen juckten unerträglich und ich konnte nur mit Mühe atmen. Ein Allergietest erbrachte letzte Klarheit: Ich war Allergikerin. Doch keiner der Ärzte, die ich konsultierte konnte mir wirklich helfen. So stand ich also mit meinem Problem allein da. Da erzählte mir eines Tages zufällig ein Bekannter, daß Katzen ein Symbol für Weiblichkeit sind. Intuitiv spürte ich, daß darin der Schlüssel für meine gesundheitlichen Probleme lag.

Ich fing an, mir Gedanken über meine Beziehung zu Katzen zu machen. Dabei erinnerte ich mich, daß mein Vater Katzen nicht gemocht und sie deswegen immer aus dem Garten verjagt hatte. Mein Bild von Katzen war also seit Kindestagen negativ geprägt. Deswegen hatte ich wohl Angst vor ihnen, Angst vor allem davor, ich könnte gekratzt oder gebissen werden. Durch Reiki habe ich gelernt, daß ich alles, was mir Angst macht, anders betrachten und damit auch in anderer Weise umgehen muß.

Ich begann also, mich erst einmal in Gedanken mit Katzen auseinanderzusetzen. Ich stellte mir vor, ich könnte mich mit ihnen anfreunden und beobachtete sie deswegen etwas genauer. So stellte

Allergien sind ein deutlicher Ausdruck, daß bestimmte Teile in mir nicht integriert sind

ich mir die Frage, welche Gefühle Katzen bei mir ansprechen. Katzen sind anschmiegsam, sie genießen es, faul in der Sonne zu liegen, und sie zeigen ihre Krallen, wenn sie in Abwehrhaltung gehen. Mit diesen Überlegungen hatte ich bereits genügend Stoff, um über mich und meine Gefühle nachdenken zu können. Meine Beobachtungen der Tiere halfen mir weiter.

Nach und nach stellte ich fest, was ich bisher in meinem Leben oft unbewußt ausgegrenzt hatte, wenn es für mich problematisch geworden war. Ich beobachtete, wie wichtig mir meine bisherigen Gewohnheiten, die mir Sicherheit gaben, waren. Mit Hilfe von Reiki lernte ich eine Art Eigentherapie, mit der ich an mir selbst arbeiten konnte. Das Thema Weiblichkeit führte mich bis in die tiefsten Schichten meiner Gefühle. Dort stieß ich auf mein Bild als Frau, zumindest wie ich meinte, daß eine Frau zu sein hat. Und dieses Bild war geprägt von meiner Vorstellung, die ich über mich und andere Frauen hatte.

Mit meiner Allergie ging es mal schlechter und mal besser. Die Abstände zwischen den allergischen Schüben waren mal länger und mal kürzer. Inzwischen bin ich beinahe frei von Beschwerden. Reiki hat mir geholfen, einige verdrängte Teile meiner Persönlichkeit wieder zu entdecken und zu integrieren. Viele positive Erfahrungen durch persönliche Begegnungen haben mich ermutigt, meinen eigenen Weg, den Weg als Frau, zu suchen und zu finden.

Allergien sind ein deutlicher Ausdruck dafür, daß bestimmte Teile meiner Persönlichkeit nicht in harmonischer Weise in mir integriert sind. Alles, was ich von mir abspalten muß, zeigt mir auf, wo meine Schwierigkeiten liegen. Allergien können dadurch entstehen, daß ich den Umweltbelastungen nicht mehr gewachsen bin, daß die schlechte Luft und die denaturierte Nahrung von meinem Körper nicht mehr vertragen werden. Andere Probleme können psychosomatische Ursachen haben, so wenn beispielsweise Gefühle unterdrückt werden und die emotionale Seite verkümmert oder verbogen ist.

In beiden Fällen ist eine Stabilisierung des Ungleichgewichts notwendig. Zum einen müssen die Abwehrkräfte des Körpers und zum anderen die der Psyche mobilisiert werden. Die Entwicklung einer bewußten Wahrnehmung für das, was mir guttut und was mir schadet, ist dabei unerläßlich. Ferner ist es notwendig, Konsequenzen zu ziehen und die Disziplin aufzubringen, mein Leben so zu verändern, daß Heilung möglich wird. Dabei ist es unabdingbar, daß beide Seiten, die körperliche und die seelische, gleicher-

maßen in einem Heilungsprozeß verbunden werden. Daran muß ich arbeiten.

In diesem Zusammenhang ist es hilfreich, einmal über das Wort »Arbeit« nachzudenken. Welche Assoziationen verbinde ich damit? Heißt arbeiten für mich Streß, Hektik, Zwang? Oder bedeu-

»Ho«
Der Weg,
die Lehre

tet Arbeit vielleicht auch die Gelegenheit, meine Schaffenskraft positiv auszudrücken, Kreativität entfalten zu können und Freude am Zusammenwirken mit anderen und Zufriedenheit in diesem Tun zu finden?

Ganzheitliche Heilung kann nur erfolgen, wenn ich den Krankheiten und Störungen auf den Grund gehe. Wenn ich unausgeglichen bin, Ärger habe oder mir Streicheleinheiten fehlen, müssen die Ursachen dafür erforscht werden. Folgende Fragen können dabei hilfreich sein: Wie ist es zu dieser Situation gekommen, in der ich mich gerade befinde? Was habe ich selbst dazu beigetragen? Wie kann ich mich anderen mitteilen, um besser gehört und verstanden zu werden?

Schuldzuweisungen tragen zu keiner Lösung des Problems bei. Das Erforschen der Ursachen kann nicht nur an der Oberfläche stattfinden, es erfordert vielmehr das Einlassen auf sich selbst und auf die Tiefen des Unbewußten.

Fast jeder Mensch hat gesundheitliche Schwachstellen, auf die er sein Leben lang achten muß. Bei vielen ist es der Magen-Darmbereich, aber auch die Atemwege können häufig betroffen sein. Zwar können wir äußeren Einwirkungen wie beispielsweise durch Luftverschmutzung oder Kontaminierung nicht völlig entgehen, weil wir keinen direkten Einfluß darauf haben. Aber wir können darauf achten, daß wir uns öfters an Orten aufhalten, wo die Luft weniger belastet ist. Viel Bewegung in freier Natur, weit weg von den Ballungszentren großer Städte, hilft uns , die Lungen und Atemwege zu reinigen und damit den ganzen Körper zu reinigen. Bei Problemen im Magen-Darmbereich ist es unerläßlich,

Mit Reiki erfahren wir heilsame Berührung.

auf eine gesunde Ernährung zu achten. Was tut meinem Körper gut und was nicht? Das heißt aber nicht nur: Was schmeckt mir? Es bedeutet vor allem, die Nahrung bewußt auszuwählen, und zwar so, daß sie mir schmeckt und gleichzeitig meinen Körper nährt und stärkt, gut verdaulich ist und auf den gesamten Organismus stabilisierend wirkt.

Im ganzheitlchen Heilungsprozeß hängt immer alles voneinander ab. Reiki hilft auf allen Ebenen, Reiki schenkt Liebe und stärkt uns von Grund auf. Es hilft, die unbewußten Teile ins Licht zu holen und fördert so die Klarheit der heilsamen Entwicklung. Alle Teile unseres Selbst müssen beachtet werden und ihren Stellenwert finden. Die guten Seiten im Menschen brauchen Stärkung, um zu wachsen, die weniger guten brauchen Heilung durch Liebe, damit sie sich transformieren können.

Reiki und Körperkontakt

Wenn wir uns selbst oder anderen Reiki geben, kommen wir immer in Körperkontakt. Wir legen die Hände auf. Manchen kostet das beim ersten Mal ein bißchen Überwindung. Doch wer diese Hürde durch den ersten Reiki-Kontakt einmal genommen hat, wird in der Folge Erleichterung verspüren. Ein Teilnehmer eines Seminars gestand mir einmal, wie schwierig es für ihn vor dem ersten Reiki-Kontakt war, eine Frau einfach zu umarmen, ohne gleich an Sexualität denken zu müssen. Es war ihm dies unmöglich, ohne dabei Angst zu empfinden. Durch Reiki hat sich dann in jeder Hinsicht sein Verhältnis zum anderen Geschlecht verändert. Mittlerweile kann er auch Nähe bei freundschaftlichen Kontakten zu Frauen akzeptieren und dabei gleichzeitig innere Distanz bewahren.

Die Beziehung zum Körperlichen verändert sich durch Reiki sehr positiv. Das Bewußtsein, wie ich mit meinem Körper umgehe, wächst. Liebe ich meinen Körper? Akzeptiere ich ihn so, wie er ist oder hänge ich immer einem Wunschbild nach, das meiner Natur gar nicht entspricht? Muß ich an dieser Stelle abnehmen oder an einer anderen zunehmen?

Durch die Werbung sind viele Frauen heutzutage auf eine bestimmte Vorstellung, wie ihr Körper aussehen sollte, fixiert und von daher mit sich selbst sehr kritisch. Welche Partien müssen straffer werden? Mit Reiki werden wir sensibler, wir lernen, mit unserem Körper liebevoller umzugehen, gut für ihn zu sorgen und Freude über ihn zu empfinden. Wir akzeptieren ihn so, wie er ist. Körperkontakt ist wichtige seelische »Nahrung«, die wir alle brauchen.

Mit Reiki erfahren wir heilsame Berührung. Bei Menschen, die längere Zeit ohne körperliche Berührung gelebt haben, kann man beobachten, wie diese sich immer mehr in sich zurückziehen und abweisend werden. Dies habe ich in erschreckender Weise vor allem bei Bewohnern von Altenheimen erlebt. Wo

Das Gewebe des Lebens
Was immer der Erde wiederfährt
wiederfährt auch den Kindern der
Erde.
Der Mensch hat das Gewebe des
Lebens nicht erschaffen,
er ist in ihm lediglich eine Faser.
Was immer er diesem Gewebe
antut, tut er sich selbst an.
Häuptling Seattle

Nähe und liebevolle Berührung gelebt werden, fehlen weder Zuneigung noch Herzlichkeit und Wärme. Ein liebevoller Händedruck oder eine etwas intensivere Umarmung genügen bereits, um einem anderen liebevoll zu begegnen. Das kann häufig wertvoller als das schönste Geschenk sein. Für beide ist es dann eine Begegnung, die die Herzen zueinander bringt.

Buchempfehlungen

Reiki, »Die Geschichte von Hawayo
Takata«, von Helen J. Haberly,
Jürgen Kindler Verlag

»Der Reiki Meister Rundbrief«,
Jürgen Kindler Verlag
Roßdorferstraße 46
60385 Frankfurt/M.

»Die Reiki Zeitung«,
Jürgen Kindler Verlag

»DAO – Sonderheft Reiki«,
Kolibri Verlag

»Reiki«
von Bodo Baginski und
Shalila Sharamon,
Synthesis Verlag

»Das Chakra - Handbuch«,
von Bodo Baginski und
Shalila Sharamon,
Windpferd Verlag

»Gesundheit für Körper und Seele«,
von Louise L. Hay,
Heyne Taschenbuch

»Ich bin o.k. – Du bist o. k.«
Einführung in die Transaktionsanalyse
von A.B. Harris und Th.A. Harris,
rororo - Sachbuch

»Das Nein in der Liebe«
von Peter Schellenbaum,
dtv Taschenbuch

»Abbruch der Schweigemauer«
von Alice Miller,
Hoffmann und Campe Verlag

»Aussöhnung mit dem inneren Kind«,
von Erika J. Chopich und Margaret Paul,
Bauer Verlag

»Zweierlei Glück«
Die systemische Psychotherapie
Bert Hellingers,
von Gunthard Weber (Hrsg.),
Carl Auer Verlag

Musikempfehlungen
»Love in the wind« von Aeoliah
»Majesty« von Aeoliah
»The Fairy Ring« von Mike Rowland
»Reverence« von Terry Oldfield
»O´cean« von Larkin

Adressen

Adressenliste von Reiki-Meistern,
die ihren Beitrag zu diesem Buch
geleistet haben:

Fokke Brink
Reiki-Heal-Mobile
carphone: + 31-72-5152662
c/o Borgesiuslaan 26
NL - 3818 JW Amersfoort
Niederlande

Sigrid Brosat
Jesinghauser Str. 39
D - 58332 Schwelm

Ton Driessen
Bonhoeffersingel 4
NL - 1069 NB Amsterdam
Niederlande

Jürgen Kindler
Roßdorfer Str. 46
D - 60385 Frankfurt /M.

Gwendolyn Mitchell
9710 Singelton Dr
Bethesda MD 20817
Maryland / USA

Elfie Schlumberger
Boßlerstr. 39
D -73734 Eßlingen

Adresse für das jährliche
deutschsprachige Reiki-Treffen:
Reiki -Treffen
Eva E. Busch
Reikimeisterin
Dobenstück 12
D - 22415 Hamburg

Die Autorin ist unter folgender
Adresse zu erreichen:
Lore Massar
Pariser Str. 37
D-816667 München
Tel.:089/4802103
Fax: 089/4891189

Die Deutsche Bibliothek – CIP-Einheitsaufnahme

Massar, Lore
Reiki: Heilung durch universelle Lebenskraft /
Lore Massar. – Orig.-Ausg. –
Berlin: URANIA, 1996
ISBN 3-332-00571-5
NE: Massar, Lore

Redaktion: Dr. Reitter & Partner Verlag GmbH,
85591 Vaterstetten
Umschlaggestaltung und Layout: Steinkaemper/Lohmann,
Visuelle Kommunikation, 85859 Igling
Titelbild: Stock Image/Bavaria
Abbildungen: Reiki - Behandlungsfotos : Werner Jo Schmid,
München: Seiten 28, 35-39, 41-49.
Reiki-Meister-Fotos: aus dem Schatz der Reiki Alliance
Kalligraphien von Fokke Brink: Seiten 21, 55, 67, 71, 77, 91.
Kalligraphien von Lore Massar: Seiten 33, 78.
Fotos von Lore Massar: Seiten 18, 60, 83, 87.
Kalligraphie Seite 7: von unbekanntem Straßenmaler.
Produktion: Dr. Reitter & Partner Verlag GmbH,
85591 Vaterstetten
Druck: Westermann-Druck, Zwickau
Printed in Germany